생명윤리 영화마을

양재섭 · 구미정 공저

양재섭

서울대학교 생명과학부와 동 대학원을 거쳐 인류세포유전학으로 이학박사를, 그리고 샌프란시스코 신학대학원에서 생명윤리학으로 문학석사를 덧붙여 취득하였다. 캘리포니아 공과대학(California Institute of Technology) 교환교수를 역임하였으며, 대구대학교 자연과학대학장과 대학원장을 거쳐 현재는 명예교수이면서 필휴먼(Philhuman)사회통합연구원장으로 재직 중이다. 한국유전학회 회장, 한국생명윤리학회 편집위원장, 그리고 한국분자세포생물학회 윤리위원장 등을 역임하였으며, 자연과학과 인문학을 넘나들며 생명과 평화 그리고 사회통합의 문제에 매달리고 있다. 공저로 『분자세포생물학』, 『과학의 역사적 이해』 등, 공역으로 『필수유전학』, 『왓슨 분자생물학』, 『기초생명윤리학』, 『생명의 해방:세포에서 공동체까지』 등이 있다.

philhuman@hanmail.net

구미정

이화여자대학교 철학과와 동대학원 기독교학과를 거쳐 기독교윤리학으로 문학박사를 취득하였다. 계명대학교 초빙교수와 대구대학교 필휴먼(Philhuman)생명학연구소 전임연구원 등을 거쳐 현재 숭실대학교 외래교수로 학생들을 가르친다. 여성과 자연, 생명과 평화를 화두로 삼고 다양한 인문학적 글쓰기를 통해 대중과 소통하는 중이다. 저서로 『이제는 생명의 노래를 불러라』, 『생태여성주의와 기독교윤리』, 『한 글자로 신학하기』, 『야이로, 원숭이를 만나다』, 『호모 심비우스: 더불어 삶의 지혜를 위한 기독교윤리』, 『핑크 리더십: 성경을 통해 깨닫는 여성주의 리더십』, 『성경 속 세상을 바꾼 여인들』 등이 있고, 번역서로는 『교회 다시 살리기』 『기초생명윤리학』(공역), 『생명의 해방: 세포에서 공동체까지』(공역), 『아웅 산 수지, 희망을 말하다』 등이 있다.

발행 | 2012년 8월 30일
지은이 | 양재섭, 구미정
펴낸이 | 홍덕률
펴낸곳 | 열린길
경북 경산시 진량읍 대구대로 201
전화 053) 850-5661~3 | 팩스 053) 850-5669
http://press.daegu.ac.kr/
등록 | 2007년 4월 19일 제2007-3호
찍은곳 | 초록뱀디지털
ISBN 978-89-964981-4-8-04300
정가 | 10,000원

생명윤리 영화마을

•서 문

착한 심성을 가졌으리라 생각되는 앳된 학생들이 스스로 목숨을 끊었다는 소식이 들려올 때마다 가슴이 저리고 아팠습니다. '학교 폭력'이라는 용어가 아무렇지 않게 사용되는 현실도 마뜩찮습니다. 학교 밖 세상은 평화스러운데 마치 학교 안에만 폭력이 난무하는 듯이 몰아부치는 느낌이 들기에 그렇습니다. 어른 사회의 온갖 추문을 뒤로 한 채 엉뚱한 곳으로 관심의 화살을 돌리는 회피주의가 부끄럽기만 합니다. 모든 책임은 전적으로 기성세대에게 있는데, 다음 세대가 애꿎은 희생양이 되고 있으니, 나쁜 건 어른들임에 틀림없습니다.

이런 세태에 혹시 생명윤리가 어떤 역할을 할 수 있지는 않을까, 소박한 기대를 가졌습니다. 학교가 단순히 입시와 취업을 위해 거처가는 곳이 아니라, 아름다운 삶의 한 여정을 장식하는 기쁨의 터전이 되면 참 좋겠습니다. 물론 그런 생각이 낭만적인 이상론에 불과하다는 것, 또 유토피아는 세상 어느 곳에도 없는 곳을 이름한다는 것, 모르는 바 아닙니다. 그래도 우리가 생명을 가지고 살아가는 존재라면 공동선을 향해 최선을 다하는 모습이야말로 참으로 아름답지 않을까요. 여기에 생명윤리, 그리고 넓게는 윤리에 걸어보는 기대감이 있습니다.

『생명윤리 영화마을』을 만들어 보려는 생각은 최근처럼 극단적인 상황이 벌어지기 보다 더 오래전부터 있었습니다. 지은이들은 2004년부터 대구대학교에서 "인간복제시대의 생명윤리"라는 기다란 이름을 붙이고 교양과목으로 생명윤리 강좌를 시작하였습니다. 당시에는 '인간복제'가 시대적 화두처럼 부각되던 차였기에, 강좌명도 그리 정했습니다. 그랬다가 생명윤리의 폭넓은 주제들을 좀 더 흥미롭게 다루기 위하여 한 두 해 뒤에는 "생명윤리와 영화"로 간판을 바꾸어 달았습니다. 그리고 생명과학이 전공인 의생명과학과 학생들을 위해 전공과목으로 "생명윤리"를 개설하였습니다. 이렇게 활발히 이루어지던 생명윤리 교육이 2010년을 마지막으로, 교양과목은 5년 만에, 전공과목은 6년 만에 중단되고 만 것이 못내 아쉽습니다. 마땅한 강사 수급도 쉽지 않았지만, 무엇보다도 학교 사정이 이를 뒷받침하기 어려웠던 까닭입니다.

오늘의 대학은 점점 더 효용성의 잣대 아래 기형화되어가는 느낌입니다. 국가와 기업, 그리고 학교의 동맹은 신자유주의 시대의 일그러진 풍경일 뿐, 건강한 삶의 지표일 수 없습니다. 생명윤리의 설 자리가 없어질수록, 그것의 필요성이 증대되는 역설이 발생하는 것은 그 때문입니다. 우리의 삶이 '인간의 얼굴'을 회복하지 않으면, 온 생명은 파멸의 공포 아래 놓이게 될 것입니다.

생명윤리 강좌를 위한 마땅한 교재가 없던 상황에서 지은이들은 토마스 쉐넌Thomas A. Shannon의 『기초생명윤리학』을 번역, 출간하여 사용했습니다. 이에 덧붙여, 다소 어렵고 낯설게 느껴지는 생명윤리를 학생들이 친근하게 접할 수 있도록 영화에 눈을 돌렸습니다. 종합예술인 영화는 생명윤리의 여러 주제들을 설득력 있게 다루는 데 최상의 교육

자료였습니다. 이렇게 해서 탄생한 책이 바로 『생명윤리 영화마을』입니다. 이 마을은 학생들에게 뿐만 아니라 모든 독자들에게 열려있습니다. 생명윤리는 학교만의 전유물일 수 없으며 또 생명을 지켜내는 문화운동은 모든 국민들의 몫이기 때문입니다.

지은이들은 열두 편의 영화를 중심으로 생명윤리 이야기를 풀어보았습니다. 낙태, 안락사, 자살, 장기이식, 인체실험, 인간복제 등 흥미진진한 주제들이 두루 담겨 있습니다. 주로 생명윤리 강의 시간에 학생들과 함께 보고 토론하였던 영화들입니다. 영화는 두루뭉술하게 관념으로만 떠도는 생명윤리의 개념들이 우리의 구체적인 삶의 현실 속에서 비일비재하게 일어나는 사건으로 재개념화되는 데 좋은 길라잡이가 되어 줍니다. 그러므로 생명윤리에 대해 문외한이라고 생각하시는 독자들께서도 이 책을 읽다보면 어느새 생명윤리의 주요 쟁점들에 눈이 밝아지고, 낯선 용어나 개념들과 친숙해지실 것으로 확신합니다.

본래 이 책은 대구대학교 출판부에서 기획한 〈대안문화총서〉의 일환으로 2010년도에 발간할 예정이었습니다. 그러나 원고를 다 써 놓고도, 차일피일 작업이 미뤄졌던 것은 어떻게든지 '그림'을 많이 포함시키고 싶은 지은이들의 욕심 때문이었습니다. 인터넷 여기저기에 널려있는 영화 장면들을 수집해 놓았고, 디브이디(DVD)로부터 해당 영상을 캡쳐해 볼까 생각도 했습니다. 하지만 저작권자들과 접촉하여 판권을 얻는 일이 생각보다 간단치가 않았습니다. 고심 끝에 결국 영화 장면은 하나도 넣지 않기로 뜻을 굳혔는데, 그리 되니까 책의 모양새가 영 보암직하지 않아 독자들께 죄송한 마음을 금할 길이 없습니다. 이는 법과 자본에 관련된 문제로, 지은이들의 역량을 넘어서는 부분임을 부디 이해해주시면 고맙겠습니다. 혹시 이 책을 읽다가 해당 영화의 장면이 궁금하신 분들은 인터넷 검색을 활용하시면 어디서나 쉽게 찾아보실 수 있다는 말로 게으름에 대한 변명을 대신합니다.

영화를 보지 않아서 모르겠다거나 일일이 찾아서 감상할 시간여유가 없다고 하실 독자들을 위하여 나름대로 상세하게 영화 줄거리를 설명하려고 노력했습니다. 그러다 보니, 본의 아니게 군더더기를 붙인 경우도 종종 있어, 이 또한 죄송한 마음입니다. 생명윤리와 영화라는 두 마리 토끼를 좇는 일은 역시 쉽지 않은 작업이었음을 고백합니다.

모쪼록 독자들께서는 손닿을 거리에 이 책을 두시고 종종 마실가는 기분으로 책장을 넘기시기를 바랍니다. 우리 일상과 멀지 않은 거리에 '생명윤리'가 있음을 새삼 깨닫게 되실 것입니다. 이 책이 여러분들께 생명에 대한 감각을 일깨우고 지혜를 얻는 데 조금이나마 기여한다면, 지은이들로서는 이보다 더 큰 보람이 없겠습니다.

2012년 9월

양재섭 · 구미정

• 목 차

제2부 생명윤리의 주제들

제1부

생명윤리의 원칙들

1

아들을 위하여
First Do No Harm

주제 : 악행금지의 원칙

_ 1997년 | 미국 | 드라마 | 15세 | 106분

_ 감독 : 짐 에이브람스 (Jim Abrahams)

_ 출연 : 메릴 스트립 (Meryl Streep)
프레드 워드 (Fred Ward)

의사-환자 관계의 권력 메커니즘

아이가 다니는 학교에서 전화가 걸려온다. 불길하다. 무소식이 희소식이라고, 아무 연락이 없다는 건 연락할 만한 '일'도 없다는 뜻이련만, 난 데 없이 걸려온 전화 한 통에 가슴이 철렁 내려앉는다. 불길한 예감은 꼭 들어맞는 법인가? 아이가 쓰려졌단다. 먼젓번에는 잠시 넘어졌다가 금방 일어나기에 그러려니 했는데, 이번에는 아무래도 '발작'인 것 같다고, 전화선 너머 들려오는 선생님의 목소리가 떨린다.

이쯤 되면 부모는 정신이 반쯤 나간 상태가 된다. 화들짝 놀라 아이가 있는 곳으로 달려가서 무조건 아이를 들쳐 업고 병원으로 향한다. 그 다음부터 이 가족의 행 · 불행은 전적으로 의사의 손에 달리기 마련이다. 의사의 일거수일투족에 온 신경이 집중된다. 의사에게 글자 그대로 '제왕적 권력'을 부여했기에 부모로서는 그의 말을 감히(!) 거스를 수가 없다. '전문' 지식을 가진 의사가 '전문' 용어를 섞어가며 앞으로 행해질 '전문' 치료 절차를 설명하면, 잘 알아듣지 못해도 끄덕끄덕한다. 질문하면 귀찮아 할까봐, 그의 권위를 신뢰하지 못하는 것처럼 보일까봐, 그러면 치료에 혹시라도 안 좋은 영향이 미칠까봐, 궁금증을 억누르고 최대한 '믿는' 표정을 짓는다. 내 자녀의 생명이 위태로운 마당에 그렇게 의사를 믿고 그의 치료 방법에 전폭적인 지지를 보내는 것 말고, 부모로서 달리 할 수 있는 일이 도대체 뭐란 말인가? 자본주의 체제에서 그야말로 소비자가 이렇게 비굴해지는 현장은 아마 병원밖에 없을 것이란 생각이 든다.

히포크라테스 선서가 모든 의사들에게 '두려운 책임감'awesome responsibility을 각인시킨 이유가 바로 그 때문일 것이다. 의사는 '생명을 맡은' 권력자로서, 환자 위에 군림해선 안 되고 항상 겸손하게 자신의 약함을 깨달으면서 환자의 생명을 살리는 데 봉사해야 한다. 무엇보다도 의사는 절대로 신처럼 굴어서는 안 된다. 전지전능全知全能은 신의 속성이므로, 의사는 자기도 모르는 게 있고 못하는 게 있다는 것을 드러내는 데 부끄러워할 필요가 없다.

하지만 이념과 현실, 이론과 실천은 늘 삐거덕거리는 법이어서, 오른손을 들고 선서할 때의 초심初心은 간 데 없고 점점 매너리즘에 빠지는 것이 대부분이다. 끝내 경계해야할 영웅주의 내지 성공주의에 쉽사리 경도된 의사들은 자신의 약점을 수용하지 못하고, 오히려 약점이 드러날까봐 전전긍긍하게 된다. 환자를 치료하기 위해 사용한 자신의 방법이 옳지 않을 수도 있다는 것을 인정하기가 어렵다. '환자의 회복을 위해 다른 전문가의 지식과 기술이 필요할 경우, 동료의 자문을 구하는 것을 실패로 여기지 않겠다.'고 분명히 선서했지만, 그렇게 하는 것은 왠지 자신의 환자를 빼앗기는 일이고, 따라서 무능한 의사로 비춰질까봐 겁난다. 그래서 부적절하거나 과잉인 줄 알면서도 자기 방식을 고집하게 되고, 그러다가 안 되면 '특이환자'라며 책임을 전가하는 것으로 끝까지 자기를 방어한다. 그러니 아픈 사람만 억울하다는 소리가 절로 나온다.

〈아들을 위하여〉는 바로 이렇게 의사-환자 관계에서 작동하는 권력의 메커니즘을 정면으로 고발한 작품이다. 환자 또는 환자 가족들 입장에서는 동병상린의 아픔을 넘어 마지막 반전에서 속 시원한 카타르시스를 느낄 수도 있는 반면, 병원이나 의사들 입장에서는 제도권 의료 체계에 대해 이 정도로 심하게 도전해도 되는가 싶은 불안감과 불쾌감이 느껴질 수도 있겠다.

누리집을 뒤지다 보니 〈사랑의 기도〉로 번역한 사이트가 있는 것을 발견했다. 하지만 원제는 '해를 끼치지 말라'First Do No Harm로서, 히포크라테스 선서에 나오는 의사윤리의 제1조항을 그대로 따온 것이다. 외국 영화 타이틀을 우리말로 옮기는 일에 종사하시는 분들의 고충은 알겠는데, 그래도 이 경우에는 좀 심하다는 생각이 든다. 두 가지 번역 모두 모성애만 부각시키고 있지, 의료현실에 대한 치열한 고민은 맛볼 수가 없어서 영 만족스럽지가 않다. 차라리 원작의 타이틀을 그대로 번역하는 게 더 나았을 것 같다. 생명의료윤리에서는 흔히 '악행금지'nonmaleficence의 원칙으로 바꾸어 표현하기도 한다. 어쨌거나 이 영화에서 '아들을 위하여' '사랑의 기도'를 드리는 어머니 역은 미국의 국민 여배우 메릴 스트립이 맡았다. 이름값에 걸맞게 그는 이 영화로 1997년 에이미 최우수 여우주연상과 1998년 골든글러브 최우수 여우주연상에 지명(노미네이트)되었으니, 그의 연기를 보는 재미가 쏠쏠한 건 맞다. 이제 내 아들에게 더 이상 해를 끼치지 말라고, 제발 히포크라테스 선서를 준행하는 의사가 되라고 당당하게 외치는 어머니를 만나보자.

간질이라는 병과 그 병에 대한 은유

영화가 시작되면 히포크라테스 선서를 낭독하는 의사들의 목소리가 내레이션으로 깔린다. 그 목소리가 '환자에게 해를 끼치지 않을 것이며'라는 구절에서 선명하게 고조될 무렵, 뜬금없이 화면 이동, 로렌(메릴 스트립 역)이 막내아들 로비에게 동화책을 읽어주는 장면으로 넘어간다. 책 제목은 『벌거벗은 임금님』인데, 어른들은 모두 제왕적 권력에 동화되어 진실을 외면할 때, 순수한 어린 아이 홀로 진실을 외쳤다는 그 유명한 내용이다. 책 읽어주던 엄마한테 로비가 묻는다. "이 아이 엄마도 그렇게 믿었을까? …… 아니, 믿지 않았을 거야." 앞으로 펼쳐질 일을 예언이라도 하듯이, 어린 로비가 무심코 내뱉은 말이 의미심장하다. 동화책 속에서 사색이 된 얼굴로 아이의 손을 잡아끌고 있는 엄마는 아마도 어린 아들의 말보다 임금님의 권력에 더 무게를 두었을 게다. 어른이란 워낙 그런 존재들이다.

그 사이, 누나 린이 엄마를 부른다. 밖에 아빠가 친구랑 함께 와 있는 것이다. 로비의 잠자리를 맡기고 집 밖으로 나간 로렌에게 남편 데이브가 말한다. 포커게임에서 졌는데, 어쩌구……. 걱정스런 표정으로 무슨 일이냐며 다그치던 로렌은 그제서야 자기가 속은 걸 깨닫는다. 사실 남편은 포커게임에서 이겨서, 말 한 마리를 전리품으로 가져온 참이다. 그동안 아내에게 말을 사주고 싶어 돈을 모아왔는데, 그걸 안 친구가 내기 선물로 말을 걸고 일부러 져 주었다. 환호하는 가족들. 갑자기 등장한 말 때문에 로비도 신이 나서 깡충깡충 뛴다. 자기가 좋아하는 유치원 선생님 이름을 따서 '슈왈츠'라 부르겠다며 신이 났다. 여기까지만 보면 참으로 단란한 가정이다. 자상한 남편에 사랑스런 아내, 착하고 귀여운 아이들, 게다가 선량한 이웃까지, 무엇 하나 나무랄 데 없이 행복한 가정의 조건을 다 갖추었다. 그러나 이 행복도 잠시, 다음 날 울린 전화벨을 기점으로 이 가정에는 서서히 어두운 그림자가 덮친다.

동네 마트에서 점원으로 일하는 엄마가 한 통의 전화를 받는다. 로비의 유치원에서 걸려온 전화다. 아이가 쓰러졌다는 소식에 얼른 달려가 보니 다행히도 로비는 금방 원상태가 되어 친구들과 놀고 있다. 엄마는 가슴을 쓸어내리며 안도의 숨을 쉬었지만 집으로 돌아온 아이는 형 마크와 물장난을 하며 세차를 하던 중, 또다시 쓰러져 발작한다. 구급차에 실려 병원으로 간 아이에게 의사가 내린 진단은 간질epilepsy이었다. 의사는 아직 확실하게 알 수 없으니 정확한 병명을 알기 위해 검사를 해 보자고 한다. 색소를 주입하여 뇌를 컴퓨터로 단층 촬영하는 캣-스캔 검사, 발작의 변화를 분석하기 위한 심전도 검사, 뇌막염 여부를 파악하기 위한 척수 검사 등이 차례대로 진행되고, 그 결과 로비의 병은 간질로 판명난다. 설마 했던 일이 현실로 나타나자 무너지는 가족들. 이제 의사에게 전적인 신뢰를 보내며 제발 아들을 살려달라고 매달리는 일만 남았다.

70%의 아동간질환자는 첫 투약만으로도 완치가 가능하다는 말에 부모는 희망을 건다. 우선 가장 오래된 방법인 수면제 투약이 실시된다. 행동장애나 지능저하 등 부작용이 있을 수 있지만, 대부분의 아이들에게

는 이상이 없다는 말에 안심하는 엄마다. 그런데 로비한테는 이 약이 맞지 않았는지, 부작용이 심하게 나타난다. 책 읽기를 좋아하던 아이가 지극히 산만해지고, 과잉행동을 보이며, 먹지도 못하고, 잠도 자지 못하는 통에 엄마가 죽을 고생을 한다. 때마침 방문한 이웃집 아줌마가 놀라서 도대체 무슨 약이냐고 걱정스레 묻는데, 엄마는 그저 한숨만 내쉴 뿐, 차마 말을 잇지 못한다. 아이의 병이 간질이라고 사실대로 말하면 사람들이 편견을 가지고 볼까봐 두려워서 그러는 거다. 간질이라는 병은 사회적 낙인이 찍힌 병이다. 마치 에이즈라는 병에 사람들이 '성 문란' 혹은 '동성애자'라는 딱지를 쉽게도 갖다 붙이듯이. 이런 방식으로 질병을 바라보는 것은, 수전 손택이 『은유로서의 질병』에서 잘 지적하고 있듯이, '환자에 대한 진정한 저주'다. 그럼에도 불구하고 인간은 좀체 자신의 생각의 습관을 벗어나지 못한 채 관성의 법칙에 사로잡혀 사니, 로렌이 몸을 사리는 건 당연한 반응이다.

실험대상으로 전락하는 환자

담당의사는 로비에게 다른 약을 써보자고 권한다. 새로 복용하게 된 약은 다일랜틴인데 이 약의 효능을 알 수 있으려면 1주일을 기다려야 한단다. 먼저 복용했던 수면제가 씻겨 내려가야 하니까. 이제 약도 바꾸었으니 금방 좋아질 거라는 기대감에 가족들은 다시 기운을 내본다. 이때 아빠가 깜짝 제안을 한다. 오랫동안 엄마한테 말을 사주려고 돈을 모았는데, 이제 슈왈츠가 생겼으니, 돈을 좀 더 모아 다음 달에는 하와이로 가족 여행을 가자는 것이다. 신이 난 두 아이 린과 마크는 공부를 열심히 해서 좋은 성적으로 보답하겠다며 좋아라 한다.

하지만 가족여행도 로비의 상태가 호전되어야 갈 수 있는 법, 하루하루 숨죽이며 약효가 나타나기를 기다리는 엄마에게 하루는 손님이 찾아온다. 고등학교 2년 선배라고 하는 밥은 약국에서 우연히 로비의 처방전을 보게 되었다며 말문을 연다. 그 역시 네 살 때부터 같은 약을 복용해 왔단다. 아들도 간질이냐며 되묻는 그에게 엄마는 딴청을 부린다. 단지 몇 번 쓰러졌을 뿐, 의사들도 아직 확신이 없어서 이 검사 저 검사 해보는 중인데 무슨 간질이냐고 말이다. 그러자 밥은 우리 부모도 똑같았다고, 에둘러 표현할 뿐 절대 간질을 인정하지 않았다고 꼬집으면서, 의사들 손에만 맡기면 괜히 이 약 저 약 써보다가 환자 상태만 악화될 것이라고 경고한다. 의사들에게 환자는 그저 실험대상일 뿐이라는 신랄한 비난을 덧붙였다.

기분이 상한 엄마는 그의 말에 강하게 반발하며 밀쳐낸다. 지금 이 가족에게 필요한 것은 무조건적인 희망인데, 그걸 무참히 짓밟는 그 남자의 말이 설득력 있을 리가 없다. 아직까지는 순진하게 의사의 말을 믿으며, 제발 다일랜틴인가 뭔가 하는 약이 효능을 발휘해 아들의 병이 감쪽같이 낫기만을 바랄 뿐이지, 그 밖의 것들을 생각할 여유가 없는 것이다. 이 지점에서 의술은 마술로 둔갑해 있다. 매순간 속 타는 긴장감 속에 억류된 환자와 그 가족들을 구원하는 것은 마술 같은 의술이다. 허나 그런 건 없다는 진실을 받아들이는 것이 어쩌면 진정한 구원의 첫 걸음이리라.

불행히도 로비에게는 이 두 번째 약도 듣지 않는다. 호흡 곤란을 동반한 원인 불명의 간질 증세를 보이는 로비에게 또 다른 부작용이 생긴 것이다. 의사는 부모에게 컴패션 제도에 대해 아느냐고 묻는다. 임상실험 과정에 있는 약이라도, 그 효능이 어느 정도 인정되면 적절한 환자에게 투여해도 좋다고 허가하는 제도란다. 측은지심을 뜻하는 '컴패션'compassion이라는 말이 이렇게도 쓰인다는 게 새삼스럽다. 의사는 이제 시대가 변하여 환자 치료에는 의사만이 아니라 환자 본인과 가족들의 역할도 중요해졌다는 그럴 듯한 말을 남긴다. 이름하여 '합동치료'라고 한단다. 하지만 이 말은, 의사의 요구가 있을 때는 언제든지 환자와 가족들의 적극적인 동의와 협조가 있어야 한다는 압박이나 다름없는 것이었다.

이 분야의 전문의로 소개받은 박사가 끝내 나타나지 않는 사이에, 로렌은 황당한 일에 부딪친다. 큰 운송회사에서 트럭 운전사로 일하는 남편이 얼마 전 구역을 옮기게 되었는데, 그렇게 되면 전산처리 절차상 의료보험 혜택이 6개월간 정지된다는 것이다. 더구나 그 기간 중에 나타난 질병은 보험 가입 전 발병으로 처리되어 보장이 안 된다고 하니, 기가 막힌 노릇이다. 그래서 전문의의 특진을 받을 수 없었고, 그래서 로비가 중환자실에서 일반병실로 옮겨졌던 것이다. 치밀어 오르는 분노에 이성을 잃은 로렌이 남편을 몰아붙인다. 그런 거 하나 똑똑히 못 챙기고 뭐 했냐고 말이다. 남편은 남편대로 보험회사에서 약관을 보내줬을 텐데 왜 정확히 살펴보지 않았느냐고 불평한다. 게다가 남편은 위험수당이라도 더 받아서 아들 병원비에 보탤 요량으로 인화성 위험물 운송을 하기로 결정했던 것이다. 실업수당을 받을망정 위험물 운반은 안 된다고, 로렌은 차라리 통신판매라도 하겠다고 울부짖고 로비는 그 옆에서 싸우지 말라며 덩달아 운다.

그로부터 한 달 뒤, 한 때 단란했던 이 집 문 앞에는 차압 딱지가 붙어 있다. 이제 집세를 내지 못하면, 강제로 쫓겨날 판이다. 전화요금도 내지 못해 전화마저 끊긴 상황인데, 로비가 언제 위험해질지 모르니, 그래도 전화는 꼭 있어야 한다며, 엄마는 가족여행을 위해 모아 둔 돈 통에 손을 댄다. 이를 본 로비의 형 마크가 그 돈은 안 된다며 달려들자, 엄마는 네 동생을 보고도 여행 생각을 하냐며 마크를 나무라는데, 철없는 마크가 그렇게 도량이 넓을 리 없다.

> 난 문법 성적을 잘 받으면 우리 식구 모두 여행갈 수 있는 줄 알고, 열심히 해서 A를 받아왔는데, 이게 뭐야? 로비 녀석, 차라리 태어나지 말걸 그랬어. 어차피 죽을 거면 왜 빨리 죽지 않는 거야?

생각 없이 한 말인 줄 알면서도, 마크의 말이 엄마의 가슴을 후벼 판다. 이제 막 사춘기에 진입한 마크도 아직까지는 부모의 관심과 보살핌이 필요한 나이인데, 온 집안의 초점이 동생한테만 가 있으니 마음이 무척 힘들었던 거다. 한 가족 구성원에게 닥친 불행은 이렇듯 가족

전체를 시련으로 몰아가, 마침내 풍비박산이 날 지경까지 몰고 가는 마력이 있다. 이 무렵, 카메라가 이 가족의 행복했던 시절을 담은 한 장의 사진 위로 잠시 우리의 시선을 이동시킨다. 비록 짧은 순간이지만 가족사진을 이 지점에 배치한 감독의 의도는 이것이 아닐까 생각해 본다. 가족의 행복이란 지속적이기보다는 각종 위기에 늘 노출되어 있는 찰나적인 것이며, 또한 그렇기 때문에 서로가 힘을 합쳐 위기를 잘 극복하면 또 다른 행복이 찾아올 거라는 교훈 같은 것 말이다.

한편, 로비의 병은 딜렌틴, 테거톨, 데파켄……, 줄줄이 약을 써도 차도가 보이기는커녕 점점 악화되기만 한다. 급기야 테거톨 부작용이라고 하는 스테판 존슨 증후군마저 앓게 된 로비는 고열에 붉은 반점이 나타나고 발작 중에 오줌까지 지리는 최악의 상태로 치닫는다.

이번에 새로 로비를 맡게 된 여의사 에버셱은 로비의 발작증세가 다양하니, 다른 약을 써보겠다며 의욕을 보인다. 그러기 위해서는 처음부터 다시 검사를 해서 정확한 치료계획을 세워야 한단다. 굳이 재검을 할 필요가 있느냐는 엄마의 말에 의사는 고압적인 태도로 말한다. 여차하면 뇌수술을 해야 할지도 모른다고. 그렇게 해서 다행히 치료가 되면 일상생활은 가능하지만, 치료가 안 되면 저능아가 된다는 것이다. 의사의 위협적인 말에 엄마는 기가 꺾여서 더 이상 아무 질문도 못하고 만다.

그로부터 한 달 뒤, 새로 처방된 약은 로비에게 또 다른 부작용만 안겨 준다. 마솔린 부작용이라는데, 이번에는 변비에 치질까지 겹쳐 관장약과 진정제를 줄줄이 투약해야 한다. 로비의 옆 병상에 있던 여자

아이 릴리는 급기야 뇌수술을 받았다. 물론 간질을 치료한다는 명목이다. 그런데도 회복은커녕, 죽음에 이르고 만다. 이 사실을 알게 된 엄마는 뭔가 이상하다는 느낌에 담당 의사를 찾아가 항의한다.

> 당신들은 아이를 치료하겠다고 약을 먹이는데, 그 약 때문에 부작용이 생기고, 그러면 더 독한 약을 먹이고, 또 다른 부작용이 생기고, 이 부작용을 없앤다고 새로운 약을 먹이고……, 아이는 발진과 열에 시달리는데, 그래도 계속해서 약, 약, 약…….

그 끝이 결국 죽음이냐며, 두려움에 질려 다그치는 엄마에게 의사는 냉정을 유지한 채 말한다. 릴리가 죽은 건 수술 때문이 아니라 병 때문이라고 말이다. 하지만 이 말에 고분고분 수긍하기에는 엄마의 의심이 이미 커질 대로 커진 상태다. 병 때문이 아니라 당신의 치료 방법에 문제가 있는 것 아니냐, 따지는 엄마에게 의사는 서류 한 장을 내민다. 컴패션 제도에 따른 신약 처방에 동의한다는 서명서다. 아직 인체에 미칠 효능에 대한 안전성 여부도 정확히 판가름 나지 않은 신약을 아들에게 투여한다는 것은 그야말로 아들의 목숨을 담보로 한 생존 게임이 아닐 수 없다. 그런 결정을 쉽사리 할 부모는 어디에도 없을 것이다. 주저하는 사이, 황급히 울리는 호출 벨. 코드 블루! 위급상황이다. 로비가 또 다시 호흡 곤란을 동반한 발작을 하고 있다.

이번 발작을 멈추지 못하면 뇌손상이 일어날 수 있다며, 의사는 발륨 주사에 더하여 파랄데하이드를 처방한다. 미처 물을 새도 없이 촉박하게 이어지는 의사의 설명에 의하면, 파랄데하이드는 중추신경안정제로, 기억상실이나 사망 등 부작용이 있을 수 있다는 것이다. 파랗게 질린 엄마의 눈에 파랄데하이드가 플라스틱 컵을 녹이는 장면이 목격된다. 저렇게 독한 약을 우리 아이 몸에 넣는다니 앞이 캄캄해진다.

의료 주체가 되기 위한 투쟁

여태까지 철저한 주종관계로 묶여 있던 의사-환자 관계에 변화가 일어나는 지점이 바로 이 대목이다. 엄마는 이대로 두면 아들을 잃을지도 모른다는 생각에 정신이 번쩍 난다. 뭔가를 하기는 해야겠는데, 어디서 출구를 찾아야 할지 모르겠다. 그 때 밥이 머리에 떠올랐다. 언젯번에 가게에 들러 따끔한 조언을 해주었던 고교 선배다. 그를 찾아간 엄마는 간질 환자로 평생을 살아온 그의 이력을 듣게 된다. 직장에도 알리지 못하고, 운전도 할 수 없고, 결혼생활마저 파경에 이른 그 고통스런 세월을 보냈던 밥이다. 왜 하필이면 이런 병에 걸렸을까, 자책하고 분노하던 그는 이제 스스로를 이해하려고 노력 중이다. 어떤 삶을 살고 있는가what life do I have보다 어떤 삶을 이뤄갈 것인가what life can I build에 더 관심을 기울이고 있다는 그의 말에 엄마는 크게 공감한다. 병과 무작정 싸우기보다는 병과 함께 더불어 사는 법을 익히는 쪽이 훨씬 지혜로운 삶이리라.

로비는 이제 파랄데하이드 부작용으로 ABC송도 끝까지 부르지 못할 만큼 기억력 감퇴 증세를 보이고 있다. 저대로 식물인간이 되면 어쩌나

하는 공포에 몸을 떠는 엄마다. 어차피 죽을 운명이라면 이대로 죽는 것도 괜찮지하고 아빠는 체념하고 만다. 부부는 또다시 언성을 높이고 싸운다. 엄마는 절대로 아들을 죽게 하지 않겠다고 다짐한다. 이 부분에서, 그러므로 모성애는 위대하다는 식으로 말하면 곤란할 것이다. 설령 모성애가 위대한 것이 사실이라고 해도, 그걸 강조하는 것만으로는 본질적인 문제에 접근하기가 어렵다. 오히려 자본주의니 가부장제니 하는 복합적인 요인들이 중첩된 문제를 모성애 하나로 환원시켜 해결하려는 시도야말로 불온하다는 점을 인식하는 것이 우선이다.

그건 그렇고, 아무튼 엄마는 아들을 위해 최선의 선택이 무엇일지 궁리한다. 신약 처방을 받을 것인가, 아니면 뇌수술을 해야 할까, 도대체 의사가 알려준 정보만 갖고서는 어떤 선택도 흔쾌하지가 않다. 드디어 엄마는 도서관을 찾아 간질에 대해 공부하기 시작한다. 목마른 자가 스스로 우물을 판다고 했던가? 목숨을 건 수술이나 컴패션 제도 말고 다른 길은 없을까, 찾고 또 찾는다. 이 때 영화 〈오즈의 마법사〉 오에스티 OST로 유명한 '섬웨어 오버 더 레인보우'somewhere over the rainbow라는 노래가 흘러나온다. 흑인 여가수 아레사 프랭클린의 절절한 목소리가 엄마의 심정을 고스란히 말해주는 것 같다.

> 무지개 저편, 아주 높은 곳에는
> 옛날 자장가에서 들었던 꿈같은 땅이 있어요.
> 상상도 하지 못했던 꿈이 현실로 되는 곳이죠.
> 난 별에게 소원을 빌 거예요.

그리고 구름 저편 아주 높은 곳에서 잠을 깰 거예요.
그래요, 레몬 방울처럼 모든 문제들이 녹아내리는 곳이죠.
당신은 그런 곳에서 나를 찾을 수 있을 거예요.

무지개 저편, 아주 높은 그 곳은
작고 귀여운 파랑새들이 날아다니는 곳이죠.
파랑새들은 날아서 무지개를 건너가죠.
그런데 나는 왜 날아갈 수 없나요?

노력 끝에 엄마는 희망적인 단서 하나를 찾는다. 식사 열량을 엄격하게 제한하는 케토제닉 식이요법ketogenic diet을 통해 간질을 치료하는 의사가 있다는 정보를 발견한 것이다. 곧바로 전화를 걸어 진료를 예약한 엄마는 담당의사 에버섹에게 이 사실을 알린다. 혹시라도 그의 기분이 상할까봐 주저주저하면서 자기가 찾아온 책을 조심스럽게 펼치며 입을 연다. 이런 방법도 있다는데 우리 애한테 한번 써보면 어떨까요, 내일 그 병원을 찾아가기로 했는데, 하면서 말끝을 흐린다. 그 때 돌연 의사가 같은 책을 꺼내며 하는 말, 그거 사무엘 리빙스톤의 『아동과 성인의 간질에 대한 복합처방』이라는 책이죠, 그러는 거다. 간질에 있어서 성서와도 같은 책이라, 모든 신경과 의사가 다 가지고 있는데, 과학적으로 검증된 요법이 아니어서 추천할 수가 없다는 싸늘한 말을 덧붙였다. 망연자실해진 엄마의 표정이 압권이다. 그도 그럴 것이 자기는 도서관에서 몇날 며칠에 걸려 발견한 귀한 정보를 의사는 이미 알고 있으면서

한 번도 거론한 적이 없다는 거 아닌가?

의사는 급기야 뇌수술을 거론한다. 이건 완전히 엄마와 의사 사이에 무슨 기 싸움이라도 하는 분위기다. 무슨 일이 있어도 내일 그 병원에 가야 한다며, 항공편까지 예약했다는 엄마의 말에 의사는 불가능한 조건을 제시한다. 투약을 갑자기 중단하면 안 되니까 의료진이 대동할 수 있도록 항공편과 구급차, 산소 호흡기 등 일체를 준비하라는 것이다. 집세 낼 돈도 궁한 마당에 그럴 여윳돈이 없는 엄마로서는 꼼짝없이 내일로 예약된 진료를 취소할 판이다. 그나마 내일 예약시간도 겨우 잡아놨는데, 그걸 못 맞추면 또다시 몇 달을 기다려야 하고, 그 사이에 로비에게 어떤 일이 일어날지는 아무도 모른다. 다급해진 엄마는 밤에 몰래 로비를 안고 병원을 빠져나가려다 경비원에게 붙잡힌다. 의사의 허락 없이 미성년 환자를 병원 밖으로 빼내는 것은 유괴 및 아동학대죄에 해당한다는 엄포와 함께 말이다.

다음 날, 로비를 담당하고 있는 흑인 간호사는 엄마에게 에버섹 박사가 모종의 조치를 꾸미고 있다고 전해준다. 아이가 부모로부터 제대로 된 보호를 받지 못한다고 판단하면 아이를 엄마에게서 떼어놓을 수도 있다는 것이다. 집으로 돌아온 엄마는, 케토제닉 식이요법으로 효과를 본 환자들이 많이 있다고, 그동안 찾아낸 수많은 증거가 있는데도 왜 믿지 않느냐고, 의사들은 정보는 주지 않고 자기 방식만 고집한다고 남편을 설득한다

마침내 수술 동의서에 서명하라는 연락을 받은 부부는 친구인 피터슨

에게 도움을 청한다. 그는 전직 의사였다가 변호사로 전업한 엘리트로, 이 가족과 오랫동안 친분을 쌓고 있었다. 케토제닉 식이요법을 단호하게 부정하는 에버섹 박사에게 피터슨이 정공법으로 질문한다.

당신이 물고 늘어지는 과학적 근거라는 게 객관적 증거를 가리키는 것이라면, 로비에게 투약한 수많은 약들의 상호작용에 대한 객관적 자료들은 가지고 계십니까? 자신의 치료 방법은 과학적이라고 말하면서 다른 방법을 배척한다면, 그것이야말로 객관적 연구에 배치되는 게 아닐까요? ……

당신이나 나나 의사가 될 때 선서를 했습니다. 환자에게 해를 끼치지 않겠다고. 만약 이 분들이 약물 치료나 수술을 원치 않으신다면, 다른 선택을 할 수 있도록 해주셔야지요. 이분들께는 다른 선택을 할 권리가 있습니다.

진작 나서서 좀 도와줄 일이지, 그의 당당한 논박에 말문이 막힌 에버섹 박사를 보노라니 통쾌감이 밀려든다. 하기야 영화 초반에 엄마가 전화상으로 그에게 자문을 구하는 장면이 살짝 나오긴 했다. 다른 전문의들에게 알아본 결과, 당시 로비에게 행해진 치료 절차는 통상적인 것으로, 누구도 대안적인 식이요법에 대해서는 언급하지 않았었다. 그러니 피터슨을 탓할 수만도 없는 노릇이겠다. 하여튼 그의 도움으로 에버섹 박사는 로비에게 공포의 파랄데하이드 투약을 중지하고, 볼티모어에 있는 존스 홉킨스 병원으로 옮기는 것을 허락한다. 피터슨이 동행하니 의사 한 사람은 따라붙은 셈이다. 흑인 간호사는 혹시라도 잘못되면 면허와 경력 모두를 잃어버릴 수 있는 상황인데도, 휴가까지 내서 기꺼이 따라가기로 한다.

이들의 든든한 지원 아래 엄마는 드디어 로비를 안고 비행기에 오른다.

그 다음부터 영화는 관객의 예상대로 순조롭게 흘러간다. 특정 병원을 홍보하려는 목적은 아니겠으나, 아무튼 존스 홉킨스 병원에 도착하면서부터 로비의 병이 호전되기 시작한다. 케토제닉 식이요법의 권위자인 의사는 로비를 그냥 보통 아이처럼 대하는 것이 치료의 첫 걸음이라고 말한다. 비행기 여행이 어땠냐고 친근하게 묻는 의사의 태도에서 그의 환자관을 엿볼 수 있다. 몇 십 년 동안 똑같은 질병을 앓는 환자들에게 동일한 식이요법을 지도해온 할머니 영양사는 단조롭게 반복되는 일이 지루할 법도 하건만, 마치 첫 환자를 대하듯 친절하게 이 새로운 환자를 대해준다. 끼니마다 정해진 식단에 따라 칼로리 양을 철저히 계산해서 요리해야 하는 번거로움도 엄마에게는 즐거운 경험일 뿐이다. 왜냐하면 이 프로그램에 들어간 다음부터 로비는 단 한 번도 발작을 일으키지 않았기 때문이다.

엄마와 아들이 임시 숙소로 묵고 있는 수도원에서 하루는 사제가 신약성서 마태복음 17장에 나오는 간질 환자 이야기를 들려준다. 간질병을 앓고 있는 아들을 위해 예수를 찾아가 살려달라고 애원하는 아버지 이야기다. 그는 먼저 제자들에게 찾아갔으나, 제자들은 고칠 수가 없었다. 그런 아이를 예수가 고쳐서 돌려보내자, 제자들이 따로 예수께 묻는다. 왜 우리는 고치지 못한 거냐고. 예수가 말씀하시길, 믿음이 부족하기 때문이란다. 겨자씨 한 알만한 믿음이라도 있으면 못할 일이 없을 거라는 말씀이다.(마태 17:20)

그러고 보니 성서 시대에도 간질병 환자가 있었다는 점과 그들의 치료에 예수가 개입했다는 사실이 새롭게 다가온다. 사제의 말에 큰 위로를 받으면서 엄마는 아들이 반드시 나을 거라는 믿음을 가지고 치료에 임한다. 병원 근처 놀이터에서 아이들과 뛰어노는 로비를 보며 남편에게 편지를 쓰는 엄마의 마음은 만감이 교차한다. 이렇게 가까이에 희망이 있었는데, 의사들은 왜 정보를 차단한 것일까, 생각 할수록 섭섭하고 분한 일이다. 언제쯤이나 이런 증오심에서 벗어날 수 있을지 모르겠다는 그의 고백에는 권위주의적이고 폐쇄적인 의료체계에 대한 깊은 불신이 배어 있다.

악행금지의 원칙과 자율성 존중의 원칙

영화는 독립기념일 행사에서 애마 슈왈츠를 타고 손을 흔드는 로비를 보여주는 것으로 끝이 난다. 해피엔딩이라 좋다. 자막설명에 따르면 로비는 케토제닉 요법을 마치고 일반식으로 옮겨갔는데도, 발작 없이 잘 지낸다고 한다. 간질 약을 일체 끊었는데도 말이다. 이어지는 자막에서는 이 영화에 카메오로 출현한 실제 간질병 환자들의 이력이 소개된다. 릴리 할머니 역의 로렌(그러고 보니 엄마 이름을 이분에게서 따온 게 아닌가 싶다.)은 1935년에서 39년까지 케토제닉 치료를 받았는데, 그 후 한 번도 발작이 없었다고 한다. 의사 역으로 출연한 아무개 역시 1960년부터 3년간 케토제닉 치료를 받아서 현재까지 간질 약과 발작으로부터 해방되어 살고 있다. 이러저러한 실례가 더 나온 다음에는, 미국간질

재단Epilepsy Foundation of America의 보고가 이어진다. 현재 미국에서만 30만 명 이상의 아동들이 발작으로 고통 받고 있다는 것이다. 곧이어 케토제닉 요법에 관심 있는 사람들을 위한 안내 전화가 소개되는데, 그러고 보니 이 영화는 처음부터 케토제닉 요법을 홍보하기 위한 의도로 제작된 것 같아 약간 거북한 생각이 든다. 그러나 그럼에도 불구하고 실화를 바탕으로 한 이 영화가 현행 의료계에 던지는 문제의식은 대단히 가치 있는 것이라 치하하고 싶다. 특히 글을 마치기 전에 영화에 나타난 생명윤리적 쟁점 몇 가지를 되짚어보는 것은 퍽이나 유익할 것이다.

우선 영화는 무엇보다도 악행금지의 원칙에 대한 깊은 통찰로 우리를 끌어들인다. 의사가 환자에게 어떤 치료절차를 수행했는데, 거기서 부작용이 발생한다면, 그 의사는 엄밀히 말해 환자에게 악행을 한 것이다. 그러나 부작용이 발생했음에도 의사의 행동이 정당화되는 경우는 많다. 요컨대 이중 결과의 원칙principle of double effect을 만족시키는 경우다. 이 원칙을 내세우는 입장에서는 의료 행위의 본래적 성질, 인과성, 의도, 균형성 등의 기준에 비추어, 비록 나쁜 결과를 야기한 행위라도 도덕적으로 정당화될 수 있는 경우가 있다고 논증한다.

문제는 이 기준을 실제 의료현장에 적용하여 판단하기가 매우 까다롭다는 점이다. 영화 속 에버섹 박사의 경우, '이 특정한 환자'인 로비에게 죽음을 야기할 의도로 치료에 임했다고 말할 수 없다. 물론 그가 '다른' 치료법을 사용하는 동료 의사에게 경쟁의식을 느끼고 있었던 것은 사실이지만, 그렇다고 하더라도 자기 환자를 빼앗길까봐 고의로 죽도록 방치할 리는 없을 것이기 때문이다. 다만 에버섹 박사가 로비에게 나타날 부작용을 미리 예견할 능력이 없었던 점은 눈감아 준다 하더라도, 부작용이 나타났을 때 자신의 치료방법을 스스로 포기할 만큼의 겸허한 이성을 갖추지 못한 점은 아쉽다고 해야 할 것이다. 또 한편, 에버섹 박사가 '다른' 치료법에 대해 숙지하고 있었으면서도 이를 환자(이 경우에는 보호자)에게 고지하지 않고 자신의 방법만 고집한 것은 자율권 침해로 간주할 수 있겠다. 에버섹 박사는 말하자면, 치료 절차에 대한 환자의 동의는 언제나 '충분한 설명에 근거한 동의'informed consent여야 한다는 의료원칙을 무시한 것이다.

다음으로 방금 위에서 언급한 동의 문제와 연관 지어 자율성 존중의 원칙에 대해 한 마디만 덧붙여야겠다. 영화에서도 '합동치료'라는 개념이 소개된 것처럼, 자유 민주주의 사회에서 자율성 존중의 원칙은 대단히 소중한 인권에 속한다. 의사는 일방적으로 환자의 진료를 결정해서는 안 되며, 어디까지나 환자의 자율적 의사에 따라 진료행위를 해야 한다는 원칙이다.

그러나 식물인간이라든가 치매환자 혹은 미성년자처럼 스스로의 자율적 의사를 표현할 수 없는 환자도 많다. 이런 상황에서는 대리인이 대신 결정을 내리게 되는데, 그 책임의 막중함을 떠나 판단 기준의 모호함 역시 문제라는 것이다. 영화 속 로비는 여섯 살배기 꼬마이기 때문에 보호자인 부모(주로 엄마)가 판단 주체로 등장한다. 처음 그 부모의 판단 기준은 주로 로비와 같은 질병에 걸린 다른 사람들의 의료절차를 참조한 것이다. 하지만 통상적인 제도권 치료절차가 로비에게 맞지 않는 것을 깨닫고서 부모는 다른 판단 기준을 찾게 된다. 바로 이 상황에서 로비에게 최선의 이익이 무엇일까를 묻는 '삶의 질'quality of life 표준이라 하겠다. 이 역시 대리 판단자의 주관을 완전히 배제하고 순수하게 환자 본인의 이익을 추구하기가 어렵다는 난점이 있긴 하다. 안락사와 같이 첨예한 문제에서는 이러한 어려움이 배가 되어, 도대체 누구를 위한 안락사인가를 따지기가 쉽지 않다.

그럼에도 불구하고 영화에서 엄마 로렌이 아들 로비를 수술대로 보내는 대신에 식이요법을 해보도록 선택한 것은 최선의 이익으로 판가름 났다. 아마 아들이 제발 병원에서 나가게 해달라고, 이 약은 나에게 듣지 않는다고 울부짖는 소리를 진지하게 경청한 때문이 아닌가 생각한다. 진실은 멀리 있지 않다. 아무리 자율적 의사를 표현할 능력이 제한되었거나 아예 박탈당한 상태에 있는 환자라도 반드시 진실을 호소하는 법이다. 그 진실에 귀 기울일 능력이 있는 보호자라면 참으로 순수하게 환자를 위해 최선의 대리 선택을 할 수 있지 않을까?

전직 의사였다는 피터슨 선생이 로비에게 한 말이 떠오른다. 이런 엄마를 둔 네가 얼마나 부러운지 모른다고. 결국 첫 장면에서 '벌거벗은 임금님' 이야기를 듣던 로비의 말은 성급한 오판이었던 셈이다. 엄마는 아들의 말을 믿었다. 그 말에 진실이 담겨 있기 때문이다. 믿음은 기적을 낳고, 진실은 언제나 승리한다는 평범한 진리를 잔잔하게 풀어놓는 영화, 〈아들을 위하여〉다.

2

패치 아담스
Patch Adams

주제 : 정의의 원칙, 의사/환자의 관계

_ 1998년 | 미국 | 코메디, 드라마 | 15세 | 115분

_ 감독 : 톰 섀디악 (Tom Shadyac)

_ 출연 : 로빈 윌리엄스 (Robin Williams)

누구를 위한 병원인가

우리 사회에서 가장 권위주의적인 기구를 꼽으라면 군대나 감옥 같이 닫힌 체계가 아니더라도, 일상의 한 가운데서 접하는 그런 기구들이 더러 있다. 학교나 종교기관 말이다. 물론 지금은 그런 환상이 많이 깨졌지만, 과거 '스승의 그림자도 밟지 않던' 시절의 학교는 그야말로 선생의 권위가 하늘을 찔렀었다. 지금이야 종교 지도자들의 권위도 많이 추락했고, 또 종교적 리더십의 개념도 많이 달라져서 딱히 그렇지 않은 데도 많지만, 어지간한 사찰이나 교회의 권위주의는 군대 못지않게 지엄하다. 그런데 병원처럼 사람을 살리는 일이 일차 목적이어서 모든 의료진이 천사마냥 흰 가운에 다정한 미소를 머물고 지극정성으로 환자를 보살필 것 같은 기구에서도 권위주의가 장난이 아닌 모양이다. 하기야 목숨을 다루는 일이니만큼, 잠시라도 정신을 딴 데 팔고 있으면 불호령이 떨어질 터이니, 인턴들이 바짝 '군기'가 들어 있는 것도 당연해 보이기는 하다.

윌리엄 허트가 외과의사로 주연한 〈닥터〉The Doctor, 1992에서도 주인공 잭 맥키는 대단히 권위주의적인 인물로 나온다. 그는 자기를 신처럼 추앙하며 따르는 까마득한 후배 의사들에게 환자의 이름 따위는 중요하지 않다고 가르친다. 그보다는 환자의 병명이 무엇인지가 더 중요하다. 괜히 실력 없는 의사들이나 감정 따위에 흔들리지, 자기처럼 성공한 외과의사는 환자를 대면할 때 철저히 감정을 배제하고 순전히 머리로 만난다는 것이다. 특히나 수술이 주업무인 외과의사가 알아야 할 모든 것은 세 단어로 압축되니, "들어가라get in - 고쳐라fix it - 나가라get out"가 전부라고 한다. 그에게 환자의 몸은 고장 난 기계로서 철저히 수리해야할 대상일 뿐, 그 이상도 이하도 아니었다. 그런 그가 후두암에 걸려 환자의 신분으로 전락하고 말았다. 환자가 되고 나서야 병원의 관료주의와 의사들의 권위주의가 얼마나 환자를 굴욕스럽게 하는지 깨달은 잭은 결국 온갖 우여곡절을 겪은 끝에 좋은 의사로 거듭나게 된다는 이야기이다. 역시 인간은 아픈 만큼 성숙해진다는 명제를 재확인시켜 준 영화가 바로 〈닥터〉였다.

그 작품을 가지고 쓸까 하다가 〈패치 아담스〉를 택한 이유는 딱 하나, 재미있어서다. 〈닥터〉가 분명한 주제의식에도 불구하고 중반 이후로 갈수록 좀 늘어지는 경향이 있어서 지루하게 느껴질 염려가 있는 반면에, 〈패치 아담스〉는 잠시도 긴장의 끈을 놓지 못하게 빠른 장면 전개가 장점이다. 의미 있는 대사 속에 웃음을 버무리는 재주는 감독의 연출력 덕이겠지만, 로빈 윌리엄스라는 배우의 연기력이 또한 뒷받침되었기 때문일 것이다. 무엇보다도 실화에 바탕을 둔 이 영화는 생명윤리 분야에서도 특히 임상의료윤리에 있어서 여러 가지 생각할 거리들을 던져준다. 자, 이제 패치 아담스의 삶 속으로 들어가 보도록 하자.

절망의 끝에서 다시 찾은 희망

아홉 살에 아버지를 여의고 온통 잿빛으로 채색된 어두운 인생을 살아온 한 남자가 있다. 돌아가시기 2주 전, 아버지는 어린 아들을 한국전쟁에서 영혼을 잃은 것 같다고 불러 놓고 말했었다. 그래도 아들은 아버지의 죽음이 자기 때문인 것만 같아 번민한다. 누구 또는 무엇으로부터도 삶의 활력을 찾을 수 없던 그는 사회부적응자로 겉돌 뿐이다. 한 해 동안 무려 아홉 번씩이나 이사를 한 이력이 어디에도 마음 붙이지 못하는 그의 심정을 잘 대변해준다. 세상으로부터 분리된 느낌, 그 외로움과 소외감을 견디지 못한 그는 마침내 자살을 기도하지만, 이조차 여의치 않다. 시도 때도 없이 찾아드는 자살 충동이 두려워, 그는 결국 자기 자신을 정신병동에 가두는 마지막 선택을 하게 된다.

여기까지가 헌터 아담스의 인생의 전반부다. 1969년, 페어팩스 병원 정신병동에 자진 입원을 할 때까지 그는 극도로 불안하고 절망적인 삶을 살았었다. 왜 존재해야 하는가, 도대체 무엇을 하고 살 것인가, 삶에서 중심이 되는 물음들에 답하지 못해 끙끙 앓으며 고통스러워하던 그는, 그러나 영화 초반에 나오는 내레이션처럼, 뜻밖의 장소에서 자신의 길을 발견하고 새로운 삶을 살게 된다. 그의 인생의 전환점이 된 장소는 다름 아닌 정신병동이었다.

아마 좋은 의사를 만났으리라 짐작하면 오산이다. 거기서 헌터를 담당한 의사 프랙은 환자가 가슴 찢어지는 속내를 털어놓을 때도 서류에 코를 박고서 딴 생각만 하기 일쑤다. 한 번도 환자의 말을 경청하거나, 환자의 눈을 똑바로 바라보는 일이 없다. 철저히 직업적 매너리즘에 빠진 그에게 환자는 다만 미치광이요 치료 대상이며, 더 적나라하게 말하면 안정적인 월급을 제공하는 자원일 뿐, 그 이상도 그 이하도 아니었다.

오히려 헌터의 병, 그러니까 삶의 의미를 찾지 못해 죽음 언저리를 어슬렁거리는 그 병을 고친 건 환자들이었다. 헌터는 모두들 무료해 하는 집단상담 시간에, 말조차 하지 못하는 강경증强勁症 환자 비니를 적극 참여시켜 모두에게 웃음을 선사하는 것으로 프랙 박사를 곯려준다. 자기처럼 자진 입원한 천재이자 재벌인 아더 멘델슨은 아무나 보면 손가락 네 개를 들이밀며 몇 개로 보이냐고 호통을 치는 바람에 진짜 미친 노인 취급을 받지만, 사실 미친 건 그가 아니라 손가락 너머를 볼 줄 모르는 지극히 '정상적인' 인간들인 것을 헌터는 깨닫게 된다. 특히 자기 문제 속에 파묻혀 도통 빠져나올 줄 모르던 헌터에게, 문제만 보면 답을 얻을 수 없다는 아더 할아버지의 말은 섬광과도 같은 지혜였다.

아더는 자기를 이해하는 유일한 친구인 이 젊은이가, 종이컵에서 커피가 새는 것을 보고는 얼른 밴드를 붙여 고치는 걸 보고 '패치'patch라는 별명을 지어준다. 패치는 '깁다', '수선하다', '수습하다' 등의 뜻 외에도 '익살스런 광대'나 '어리숙한 바보'의 뜻이 있으니, 앞으로 펼쳐질 그의 인생 행보에 딱 들어맞는 별명이겠다. 결국 그 날 밤, 헌터는 망상 속의 다람쥐 때문에 화장실조차 가지 못하는 룸메이트 루디와 함께 대대적인 다람쥐 소탕 작전을 벌이므로(똑같이 미친 척 하는 장면이 압권이다.), '이거다!'하는 깨달음에 도달한다. 드디어 자기 길을 찾은 것이다. 사람들을 도우며 사는 삶! 이제부터는 헌터가 아닌 패치로,

새로운 삶을 살고자 다짐하면서, 들어올 때와 마찬가지로 자진하여 정신병원을 걸어 나간 그는 그로부터 2년 뒤 버지니아 의대 신입생이 되어 있다.

교수인지 학생인지 분간이 안 가는 중년의 나이에 대학에 들어간 그는 수업 첫 시간부터 교수의 수업 태도가 영 못마땅하다. 가운 입은 의사들을 죽 거느리고 강의실에 들어선 월컷 학장은 아주 거만한 태도로 의대 첫 수업을 시작한다.

> 의사 윤리의 첫째는 무엇보다도 '해를 끼쳐서는 안 된다'Do no harm는 것이다. 그런데 약이란 무엇인가? 해를 입히는 강력한 매체다. 의사는 그 약을 환자에게 처방한다. 그런 힘을 주는 것은 누구인가? 바로 환자다. 여러분에게 메스를 주며 '제 배를 갈라 주세요.' 하는 환자! 왜일까? 여러분을 믿기 때문이다. 어린이가 어른을 믿듯이, 의사인 여러분이 해를 끼치지 않을 것을 믿기 때문이다.
>
> 우린 여러분을 철저히 교육시켜 보다 나은 존재로 만들 것이다. 즉, 의사로 만들 것이란 말이다.

삼 대째 의업을 잇고 있는 유명 가문인 룸메이트 밋쳐는 이 강의에 감동하여 눈물까지 글썽이지만, 패치는 '훈련 상사' 같은 월컷 교수의 말에 강한 반발심이 일어난다. 친구가 된 트루먼과 나누는 대화에서 패치는 자기가 왜 의사가 되고 싶은지 속내를 밝힌다. 패치에 따르면, 의사와 과학자의 차이는 사람을 직접적으로 돕느냐 아니냐의 차이다.

의사는 인간이 가장 취약한 형편에 놓여있을 때 그를 돕는 직업이다. 따라서 의사가 되려면 질병에 대해 아는 것도 중요하지만, 먼저 사람을 알아야 한다는 것이다.

웃음 치료의 전도사

이런 신념을 가지고 있는 패치로서는 어째서 의대 1학년생은 임상활동에 참여할 수가 없는지, 왜 3학년이 되어야지만 환자와 직접 대면하는 것이 가능한지 통 납득할 수가 없다. 그런 패치에게 하루는 뜻밖의 장난이 떠오른다. 우연히 전국 정육업자 대회에 갔다가 얻어 입은 흰 가운을 입고 병원에 잠입하는 것이다. 패치는 가운에 새겨진 정육협의회 마크를 손으로 가린 채, 회진하는 의사들 팀에 합류한다. 교수가 인턴들을 상대로 대화를 나누는 장면이다.

교수 : 이 환자는 소아 당뇨로 대사와 신경장애를 앓고 있다. 보다시피 당뇨로 몸이 붓고 일부 피부세포가 죽어있다. 질문 있나?

인턴1 : 골수염 징후는요?

교수 : 현재는 없지만 가능하다

인턴2 : 치료 방법은요?

교수 : 혈중 당도를 낮추고 항생제를 투여하거나 사지 절단도 가능하다.

(공포에 질린 여성 환자의 얼굴이 카메라에 잡힐 무렵 패치가 입을 연다.)

패치 : 환자 이름은요?

이 무슨 뚱딴지같은 질문인가, 인턴들이 그를 쏘아본다. 당황하기는 교수도 마찬가지지만, 그는 그래도 패치의 질문에 크게 깨달은 바가 있는 모양이다. 얼른 차트를 뒤적여 '마저리'라고 이름을 말하며, 비로소 환자와 눈인사를 나눈다. 환자의 이름 같은 건 알 필요가 없고 오직 병명만 알면 된다고, 환자는 이름/인격으로 존재하지 않고 오직 질병/대상으로만 존재한다고 믿는 월컷 학장과 달리, 이 교수는 그 뒤로 환자마다 이름을 부르며 인격적인 대우를 하게 된다. 이 교수는 그 일을 계기로 패치의 면면을 유심히 관찰하면서, 패치가 의사로서 훌륭한 자질을 갖고 있음을 믿어 의심치 않는다.

한편, 그렇게 인턴 행세를 하던 패치는 저 앞에 월컷 학장이 나타나자, 그를 피한다는 게 그만 소아병실로 들어가게 된다. 항생제 부작용으로 머리를 박박 민 아이들의 생기 잃은 표정을 보고 저래서 무슨 치료가 제대로 이루어지려나 생각한 패치는 아이들을 웃기기로 작정한다. 즉석에서 관장기를 잘라 코에 끼우고, 용변기를 발에 신고, 원맨쇼를 펼치는데, 좋아라, 침대에서 뛰며 열광하는 아이들의 소란으로 결국 패치는 월컷 학장에게 찍히고 만다.

패치가 정신병원에 입원해 있을 때 그를 담당했던 프랙 박사의 친구로서 학장은 이미 패치의 과거를 알고 그의 천재성과 또한 (대부분의 천재들이 그렇듯이) 다소 건방진 태도를 경계하던 차였다. '열정만으로는 의사가 될 수 없다. 의사를 만드는 건 나다. 여긴 내 병원이다.' 거의 협박에 가까운 학장의 설교는 패치의 저항심만 자극할 뿐이다.

환자를 접하면 더 많은 걸 배우게 되는데, 왜 환자를 못 만나게 하는지, 환자를 지칭할 때 병명을 부르는 것이 과연 정당한지, 감정에 휩쓸리지 않으려고 그런다지만, 의사가 환자와 친해지는 게 왜 나쁜지, 패치의 질문공세에 월컷 학장은 심히 불쾌감을 표한다. 자신의 권위와 의학계의 오랜 전통에 도전하는 패치를 어떻게든지 학교에서 몰아내려는 학장의 반격이 시작된 것은 이 즈음이다.

학장의 권고를 무시한 채, 계속 병원을 드나들며 환자들과 친밀한 관계를 맺고, 환자들의 잠재된 소망을 들어주어 웃음을 선사하는 패치의 행동은 동료 학우들에게도 이해받기 어려운 것이었다. 심지어 공부벌레 밋쳐는, 공부는 뒷전인 채 환자들과 놀 궁리나 하는 패치가 성적에서 자기를 앞서자, 학장에게 컨닝 의혹을 제기한다. 밋쳐는 '환자들에겐 친구나 광대가 필요 없고, 의사가 필요하다.'는 말로 학장의 입장을 반복 재현한다. 그가 모범으로 따르는 의사는 한마디로 '강인한 의사'다. 그는 '죽음을 앞둔 환자에겐 실실거리는 유치원 선생이 아니라 강인한 의사가 필요하다.'는 말로써, 패치의 의사관을 묵살한다. 그러나 패치는 의사는 신이 아니므로 죽음과 싸울 필요가 없고, 오로지 환자의 건강을 증진시키는 데만 전념하면 된다는 입장이다. 무작정 죽음을 늦추는 게 의사의 임무는 아니라는 그의 생각에는 의사의 영웅주의를 견제하는 의도가 깔려 있다.

패치는 간호사들도 속수무책이라고 손을 뗀 305호 환자와 만나면서 죽음에 대한 성찰을 새롭게 다진다. 췌장암 말기환자인 빌은 의료진이 제공하는 일체의 치료를 거부하여 의료진을 힘들게 하는 대표적인 인물이었다. 누구에게도 마음을 열지 않고 괴팍한 사람으로 낙인찍히면서까지 절망적으로 죽음을 기다리는, 아니 죽음에 저항하는 그에게 어느 날 패치는 천사 복장을 하고서 나타난다. '당신의 미래를 말씀드리러 왔습니다.'라는 말로 입을 뗀 패치는 빌이 스스로 죽음을 받아들이도록 도움으로써 빌과도 친구가 된다.

이러한 패치의 행동은 사실상 환자들에게 순영향을 미쳐, 병세가 호전되는 효과는 물론 병원에 대한 불평을 줄이는 데도 일조하게 된다. 이 점을 감안하여 총장은, 학교 규정을 위반했다는 이유로 패치를 퇴학시켜 달라는 월컷 학장의 요구를 받아들이지 않는데, 그 대신 패치에게 3학년이 될 때까지 병원 출입을 자제하라는 명령을 내린다.

꿈은 이루어진다

식당에서 식사를 하던 패치는 평범한 소시민들이 병원에서 당한 억울한 일에 대해 듣게 된다. 사람들은 이구동성으로 돈이 없으면 아프지도 말아야 한다며, 자본의 논리에 포획된 현대 의료체제를 성토한다. 그 자리에서 패치는 문득 그야말로 꿈같은 병원을 만드는 소망에 사로잡힌다. '세상에서 가장 재미있는 병원'을 세우는 꿈이다. 특이한 건물에 비밀 통로를 설치하고 게임방까지 있는 그 병원은 웃음을 통해 병을 치료하는 친절한 병원이 될 것이다. 환자와 의사가 동등한 지위에 있는 병원, 전국 각지에서 사람을 돕고 싶은 순수한 마음으로 자원봉사를 하러 오는 사람들이 넘쳐나는 병원, 돈이 없어도 충분히 인간다운 대접을 받고 정성스런 치료를 받을 수 있는 병원, 패치는 동료 트루먼과 여자 친구 카린에게 자신의 꿈을 이야기하며 그런 병원을 함께 만들자고 다짐한다.

드디어 의대 3학년. 본격적인 환자 진료에 동참하게 된 패치는 응급실에서 의사가 환자에게 손가락을 펴며 몇 개로 보이냐고 질문하는 걸 보다가, 섬광처럼 아더를 떠올리게 된다. 아더 멘델슨, 그 엉뚱한 재벌 할아버지가 어쩌면 자신의 꿈을 현실로 만드는 데 힘을 실어줄지도 모른다. 아니나 다를까, 아더의 도움으로 패치는 150에이커의 경치 좋은 땅을 임대받아 '게준트하이트 병원'Gesundheit Hospital이라 이름 짓는다. 독일 말로 '건강'을 뜻하는 '게준트하이트'는 오갈 데 없는 노숙자와 가난한 유색인들에게 무상진료를 펼치며 건강이야말로 모든 인간의 기본권임을 천명한다.

이렇게 해서 패치는 마침내 꿈을 이룬 것처럼 보인다. 흠모하던 여자 친구 카린도 마침내 어린 시절의 상처를 딛고 패치의 사랑을 받아들였다. 겉보기에는 보잘 것 없는 헛간 수준이지만 그래도 게준트하이트 병원은 그들에게 새로운 일터이자 사랑의 보금자리로 서서히 자리잡혀가고 있었다.

그러나 아직 의사 면허도 없는 학생 신분에, 그것도 자기네가 소속되어 있는 대학병원에서 몰래 의료자원을 훔쳐내어 무상진료를 한다는 소식이 월컷 학장의 귀에 들어가고, 이 일로 패치는 퇴학 처분을 받는다.

설상가상, 게준트하이트 병원을 혼자 지키던 카린은 한밤중에 정신분열증 환자의 전화를 받고 나갔다가 살해당하고 만다. 모든 것을 한꺼번에 잃어버린 패치, 그는 인간의 본성에 대해 지나치게 낙관적이었던 자신을 책망하며, 자기가 카린을 죽음으로 몰아넣었다는 자책감에서 학교를 떠나려고 마음먹는다.

이 때, 그를 설득한 것은 뜻밖에도 밋쳐라는 친구였다. 선택받은 엘리트 집안의 자제답게 성적에 집착하며 패치를 경쟁상대로만 여기던 그가 특유의 자존심을 내던지고 도움을 요청해온 것이다. 그는 3주 동안이나 식사를 거부하는 할머니 환자를 어떻게 다루어야 할지 모르겠다고 어려움을 토로한다. 자기는 실력 있는 의사지만, 환자의 마음에 다가가는 일은 잘 못하니, 패치더러 가르쳐달라는 부탁이다. 그 말에 정신을 차린 패치는 자기가 있을 곳은 환자 곁임을 재확인한다. 할머니의 어릴 적 소원대로, 수영장 가득 스파게티 국수를 풀어 넣고 할머니와 헤엄을 치면서 웃음을 되찾는 할머니와 패치, 더구나 그는 카린을 데려간 신을 원망하며 절규할 때 자기 품에 날아든 호랑나비가 카린의 영혼인 양 반기며, 다시 살아갈 희망을 얻는다.

밋쳐의 제안으로 주립의학협회에 퇴학의 부당성을 제소하게 된 패치가 수많은 의사들과 동료 학생들 앞에서 자기 변론을 하는 대목이 어찌 보면 이 영화의 하이라이트일 것이다. 처음부터 패치를 눈엣가시로 여긴 월컷 학장은 패치가 무인가 진료소를 차려놓고 면허 없이 의료행위를 했다는 이유로 그에게 퇴학 조치를 내린 것이고, 이번에는 총장마저 서명한 상태였다. 환자를 치료한 적이 있는가 없는가라는 위원들의 질문에 패치가 한 대답은 아주 훌륭한 것이었다.

저희 목장을 찾아온 사람들은……, 맞습니다, 모두가 환자였습니다. 그러나 그들 모두는 동시에 의사이기도 했어요. 신체적, 정신적으로 도움이 필요한 환자들이었지만, 그들은 또한 다른 사람들을 돕기도 했습니다. 요리도 하고, 청소도 하고, 남의 이야기를 들어주기도 하면서 말이지요. …… 의사란 타인을 돕는 사람이란 뜻 아닙니까? 언제부터 의사가 외경스런 존재가 되었던가요? 언제부터 의사란 직업이 환자를 치료하는 친구에서 그토록 외경스런 존재로 변질됐죠? …… 의료행위를 했냐고 물으셨는데, 그것이 도움을 필요로 하고 고통 받는 사람들을 돌보고 이야기를 들어주고 보살핀다는 뜻이라면 전 분명 환자들을 치료했습니다.

그러다가 환자들이 죽기라도 한다면 어떻게 하느냐는 질문에 패치는 죽음을 두려워하지 말라고 소신껏 대답한다. 의사의 적은 죽음이 아니라 질병일 뿐이며 의사의 역할은 죽음을 막는 게 아니라 삶의 질을 높이는 것이다. 질병과의 싸움에서는 이길 수도 있고 질 수도 있는 것이며 환자를 보살피고 치료하는 일에 힘쓴다면 결과야 어떻든 그건 다 승리일 뿐이다. 방청객으로 와 있는 의학도들에게도 패치는 덧붙인다.

절대로 생명의 기적을 잊지 말아야 합니다. 인간의 신비로운 몸을 경외해야 해요. 생명보다 점수에 연연해서는 간판뿐인 의사밖에 되지 못합니다. 의사가 되기 전에 인성부터 갖추세요. 대화하는 법부터 배우세요. 낯선 사람과도 이야기를 나누고, 친구들과 자주 이야기를 하세요. 간호사들과도 대화를 하고 배우세요. 저분들은 매일 환자들을 대해왔고 많은 지식을 가지고 있어요. ……

간호사와 의사 사이에 명백한 위계질서가 고착화된 의료계 현실에서 패치의 말은 간호사들의 열렬한 지지를 이끌어낸다. '진정 의사가 되고 싶다'는 패치의 감동어린 연설은 급기야 주립의학협회 위원들의 마음을 움직여 퇴학 명령이 부당하다는 판결을 이끌어낸다. 이렇게 해서 패치는 결국 말 많고 탈 많은 졸업장을 거머쥐게 되는데, 여전히 권위주의적인 의료계를 조롱하기라도 하듯이, 벌어진 졸업 가운 사이로 삐져나온 것은 실오라기 하나 걸치지 않은 '무례한' 속살이었다.

함께 꾸는 꿈은 현실이 된다

영화가 끝나면, 의대 졸업 이후 패치의 궤적이 자막으로 깔린다. 패치 아담스는 그 후로도 15년간 의료행위를 계속하면서 1만 5천명 이상의 환자들을 무료 진료하였는데, 어떠한 의료사고도 일으킨 적이 없다고 한다. 영화가 만들어질 무렵, 그는 버지니아 서부에 105에이커의 땅을 구입, 게준트하이트 병원을 건립 중에 있었다. 1천여 명에 이르는 의사들이 멀쩡한 병원을 팽개치고 그의 뜻에 동참하기 위해 대기 중에 있다니, 참으로 놀랍고 반가운 일이 아닐 수 없다.

〈패치 아담스〉는 실화를 바탕으로 한 것이어서 그 감동이 배가 되는 것 같다. 공교롭게도 이 영화에서 주연을 맡은 로빈 윌리엄스는 또 다른 의학 영화 〈사랑의 기적〉Awakening, 1990에서도 의사로 출현한 적이 있는데, 거기서 보여준 진지함을 기억하는 관객이라면 이 작품의 캐릭터가 다소 낯설게 느껴질지도 모르겠다. 하지만 이렇게 따뜻하고 재기발랄하며 유머러스한 역할을 그이 말고 달리 누가 맡을 수 있을까? 휴먼 코미디 분야에서 일가를 이룬 로빈 윌리엄스의 캐릭터가 약간 식상하게 느껴지는 면도 있지만, 이까짓 흠은 실존 인물 패치 아담스의 매력에 덮여 아무런 걸림도 되지 않는다.

영화는 생명윤리적 관점에서 우리에게 여러 가지 질문들을 떠올리게 한다. 패치와 월컷 학장 사이에 명백한 대비를 이루는 의사관이 그 중 하나다. 과연 좋은 의사의 기준은 무엇인가? 실력 있는 의사와 인정 많은 의사가 양립할 수는 없을까? 의사는 환자를 치료대상으로 보아야 하는가, 아니면 치료주체로 보아야 하는가? 이런 질문들은 의사와 환자 관계에서 빈번히 제기될 수 있는 물음들이다.

한편, 환자의 치료 거부는 어떻게 보아야 하는가? 특히 빌처럼 임종이 임박한 환자의 경우, 연명치료를 거부하는 것에 대해 의료진은 어떤 태도를 가져야 하는가? 흔히 이 문제는 환자의 자율권과 의사의 온정주의가 충돌하는 지점이다. 의사로서는 합리적이고 건전한 판단능력을 갖춘 성인 환자의 자율성을 당연히 존중해야겠지만, 그와 아울러 환자에게 해를 끼치면 안 된다는 우선적 원칙이 있기 때문에, 환자의 선택에 개입하지 않을 수 없다. 이럴 때 의사의 온정주의가 환자의 자율권을 침해하지 않는 방식으로 작동할 수는 없을까?

패치의 여자 친구 카린이 정신병자의 상담 전화를 받고 그 집을 방문한 것은 의사로서 선행의 원칙에 충실한 행위임이 틀림없을 것이다. 인간에게는 남을 도울 의무가 있다는 것이 선행의 원칙이다. 특히 의사는 자신의 도움을 필요로 하는 환자가 있을 때 그냥 지나치면 안 되고 적극적으로 의술을 베풀어 그를 살려내야 한다. 그러나 불행히도 카린은 그 날 밤 살해당해 허무한 죽음을 맞이하고 말았다. 그렇다면 의사는 설령 자기 자신이 위험에 빠지는 한이 있어도 언제 어디서라도 무조건 선행의 원칙을 지켜야 할까? 지속적인 자살 충동을 지닌, 대단히 불안하고 위험한 환자를 밤늦게 혼자 상담하러 간다는 것은 선행 이전에 무책임한 행동이 아닐까? 선행의 원칙에도 한 가지 한계가 있다면, 그것은 바로 자기 목숨을 무모한 위험에 던지지 말라는 것이 아닐까? 카린의 죽음이 안타까운 만큼, 우리의 질문도 끝이 없다.

끝으로, 패치가 세운 게준트하이트 병원의 사례는 정의의 원칙에 대해 깊이 있는 생각을 더해준다. 사실상 자본주의 사회에서 치료비를 부담할 능력이 있고 없고 간에 아픈 사람 누구에게나 무상치료를 베푼다는 것은 실로 환상에 가까운 발상이다. 그런 환상이 한낱 망상으로 끝나지 않고 실제 현실로 구현될 수 있었던 데는 패치 아담스라고 하는 순수한 이상주의자와 또 그의 뜻을 따르는 수많은 친구들의 협력의 공이 크다. 다시 말하면 자본주의를 넘어설 수 있는 힘은 공동체성에 있다는 말이다.

우리나라에서도 노숙자나 행려병자 등 가난한 사람들을 위한 무료병원뿐만 아니라, 외국인노동자들을 위한 무료진료소 등이 몇 군데서 실험적으로 운영되고 있다. 비좁은 공간에서 빈약한 의료장비를 가지고 몇 명 안 되는 의료진이 하루 수백 명씩 환자를 받는 그 현장은 단순한 의료 활동을 넘어 거룩한 섬김의 현장으로까지 보인다. 그러나 그런 무료병원이 제대로 운영되기 위해서는 개인의 헌신이나 사적 기부에만 의존할 수 없고, 지속적인 공적 부조를 체계화할 필요가 있다. 다시 말해 국가적 차원에서 이를 해결하려는 노력이 없이는 최소한의 의료 혜택도 받지 못하는 사각지대의 사람들이 날로 늘어날 수밖에 없을 것이다. 그런 점에서 패치가 세운 게준트하이트 병원은 그 존재만으로도 우리에게 대안적 상상력을 불러일으킨다. 혼자 꾸는 꿈은 백일몽에 불과할 수 있지만, 여럿이 함께 꾸는 꿈은 현실이 되고야 만다는 말이 진리로 다가오는 영화, 〈패치 아담스〉가 신나는 이유다.

3

간장 선생
カンゾー先生(Kanzo Sensei)

주제 : 생명존중

_ 1998년 | 일본 · 프랑스 | 코메디, 드라마 | 15세 | 117분

_ 감독 : 이마무리 쇼헤이 (Imamura Shohei)

_ 출연 : 에모토 아키라 (Akira Emoto)
아소 구미코 (Kumiko Aso)

의사는 발이 생명이다

무릇 의사에게 가장 중요한 신체 부위는 어디일까? 질병에 대한 지식이 있어야 환자를 치료할 테니 머리가 제일 중요하다고 말하는 사람이 있겠다. 아니다. 아무리 머리가 있더라도 손이 없으면 어찌 진찰을 하고 수술을 할 것인가? 손이 중요하다는 사람도 있을 것이다. 의사는 환자의 병만 고치는 이가 아니라 마음까지 고쳐야 한다고, 자못 그럴 듯한 철학을 논하는 사람에게는 가슴이 가장 중요할지도 모른다. 그런데 여기, 느닷없이 발을 들이미는 아카키 박사가 있다.

의사에게는 발이 생명이라는 것이다. 시급을 다투는 환자가 있을 때만이 아니라, 언제 환자가 발생할지 몰라 평소에도 뛰어다닌다. 그렇게 남보다 2배속으로 바쁘게 뛰고 또 뛰어야 한 사람이라도 살린다고 굳건히 믿는 아카기는 사실상 발에다가 머리와 가슴과 손까지 얹었다. 의사의 본분이 무엇인지, 의사와 환자의 관계는 어떠해야 하는지, 온몸으로 보여주는 그의 삶 속으로 들어가 보자.

간염과의 전쟁

2차 대전 말엽의 일본. 라디오에서는 히틀러와 에바 브라운이 지하실에서 숨진 채 발견되었다는 뉴스가 흘러나온다. 이제 일본의 패망도 얼마 남지 않은 시점인 것이다. 두 대의 미군 정찰기가 저공비행을 하면서 일본의 한 어촌 마을 위를 돌고 있다. 우리나라로 치면 아마 거제도 어디쯤 되는 모양이다. 연합군 포로가 많이 수용되어 있어서

겁만 줄 뿐 폭격은 하지 않지만, 그래도 일본군의 입장에서는 적군 비행기가 출현한지라 요란한 공습경보를 울려댄다.

황급히 대피하기 위해 이리저리 흩어져 뛰는 사람들 틈에 심상치 않은 신사가 있다. 흰 양복에 검정색 나비넥타이를 매고 중절모까지 쓴 채 달리고 또 달리는 신사는 바로 이 동네의 명물 아카기 선생이다. 진찰하는 환자마다 다 간염에 걸렸다고 하니, 돌팔이 소리나 듣기 일쑤다. 하지만 알고 보면 그는 동경 의대를 나와 독일 유학까지 다녀온 실력파로, 도시를 마다하고 낙향하여 시골의사로 사는 중이다. 공습경보와는 상관없이 중년의 나이에도 달리고 또 달리는 그에게는 히포크라테스 선서보다 더 중요하게 여기는 글귀가 있으니, 바로 이것이다.

> 개업의는 발이 생명이다. 한 다리가 부러지면 다른 다리로 달리고, 두 다리가 부러지면 손으로 달리고, 죽기 살기로 달리고 또 달리고, 죽을 때까지 달려야 한다.

집을 겸한 그의 병원에 걸려있는 액자에 적힌 글귀다. 그는 이 경구를 마음 속으로 뇌까리며 환자가 있는 곳이면 어디든지 '달려간다.' 그러다 보니 마을 사람들의 사는 형편을 손바닥 보듯 훤히 아는 그다. 배운 것이 변변치 못한 마을 사람들은 그에게 가정사를 상담하는 등 한편으론 존경하면서도, 그가 모든 환자를 무조건 간염이라고 진단하자 그를 '간장 선생'이라고 놀려댄다.

사실 그가 보기에 지금 일본 열도는 전쟁보다도 간염으로 망할 위기다.

간염은 특히 전시戰時에 더 유행하는데, 그도 그럴 것이 전시에는 충분한 영양과 휴식을 취하기가 불가능하기 때문이다. 잘 먹고 잘 쉬어야 낫는 병이지만, 전시상황에서 주민들이 받는 배급으로는 죽지 않고 버티는 것만도 용하다. 그래서 아카기 선생은 자꾸 포도당 주사를 놔주게 된다. 복수가 차서 남산처럼 부푼 배를 안고 누워있는 환자에게 달리 해줄 수 있는 게 아무것도 없기 때문이다. 급한 대로 배에 찬 물을 빼고는 포도당 주사를 놓는 것으로 만족해야 한다. 잘 먹고 잘 쉬라고 당부하지만, 그럴 수 없다는 건 아카기도 알고 환자도 안다.

급기야 그는 포도당 주사를 남용했다는 혐의를 받고 오까야마현 의사회로 소환 당한다. 거기에는 모르핀 과다 사용으로 소환당한 외과의사 토루미가 와 있다. 군의관 출신인 그는 러시아와의 전쟁에서 일본군이 넉 달 만에 무려 2만 명이나 전사하는 것을 목격한 뒤로, 명분 없는 전쟁에 염증을 느껴 모르핀에 의존해 사는 염세주의자가 되었다. "이번 전쟁도 마찬가지야. 일본이야 어찌됐든 난 모르핀만 있으면 그만이야."라고 말하는 그다. 전쟁은 이렇듯 한 지식인을 마약 중독자로 몰아갔다. 그는 환자에게 써야할 모르핀을 중간에서 가로채, 결국 당국의 조사를 받는 처지가 되었다.

하지만 아카기는 다르다. 포도당은 모두 환자를 위해 쓴 것이다. 그도 전쟁의 대의가 아시아 해방이라는 일본 정부의 말이 의심스럽기는 마찬가지다. 그럼에도 불구하고 그는 상황이야 어떻든 간에 '의사로서의 본분'을 잊지 않으려고 노력한다. 의사는 환자를 질병으로부터 구해내는 사람이다. 지금 내 환자들이 간염으로 죽어간다면, 간염을 박멸하는 것이 나의 의무이며, 간염을 옮기는 병원체야말로 나의 유일한 적인 것이다. 요즘 자기한테 오는 환자들도 거의가 간염에 걸려 있다는 토루미의 말에 아카기는 대꾸한다. "자네도 간염박멸에 함께 힘쓰자구."

이런 아카기의 입장이 군 당국의 심기를 매우 불편하게 한다. 유럽이 일찍이 간염을 말라리아나 콜레라, 폐결핵 등과 같은 전염병으로 인식하여 대대적으로 관리하고 있듯이, 일본도 간염 예방과 퇴치에 힘써야 한다는 그의 말은 사치를 넘어 불온한 사상으로 취급받는다. 그를 소환한 이케다 군의부장과의 말을 들어보자.

군의부장 : 당신은 이 비상시국을 어떻게 생각하오?

아카기 : 영양과 휴식이 최선의 치료책이기에 상식대로 했을 뿐이오.

군의부장 : 군의들도 불철주야 헌신 중인데, 많이 먹고 쉬라니 정신 나갔소!

아카기 : 내 아들도 만주에서 군의로 일하고 있소.

군의부장 : 알고 있소. 어쨌든 포도당 할당을 지키시오.

아카기 : 확답은 못하겠으나 명령이면 따르겠소.

군의부장으로서도 아카기의 충성심을 의심할 근거는 없다. 아카기는 정치적 인물이 아니라 그저 본분에 충실한 의사일 뿐이다. 게다가 아카기의 금지옥엽 외아들은 만주에 파병된 군의관이니, 군 당국이 그를 불온한 반동분자인 양 몰아세우는 것은 부당한 처사일 것이다. 그럼에도 불구하고 군의부장이 이렇게 깐깐하게 구는 이유는 따로 있는 것 같다. 장교클럽 마담을 흠모하는 그로서는, 마담이 좋아하는 아카기가 주는 것 없이 미울 수밖에 없다. 그 자신 13년차 과부로, 먹고 살기 위해 어쩔 수 없이 술집을 경영하는 마담은, 상처한 지 5년 된 아카기와 동병상린의 정을 느끼며 친구사이로 지내던 터였다. 이런 사실을 알고 있는 군의부장은 괜히 장교클럽을 장티푸스의 진원지로 찍어 영업정지 명령을 내렸었다. 허나 아카기가 그 병은 장티푸스가 아니라 간염이라고 하는 바람에 군의부장의 체면이 깎이고 말았다. 자기 수하의 군의관들을 전부 허수아비로 만든 아카기가 미워 죽겠는 것이다. 그런 군의부장을 설득해 간염퇴치에 군이 앞장서 달라고 부탁하는 아카기지만, 군의부장은 그럴 때가 아니라며 잘라 말한다. 그러면 알겠다고, 얼마 있으면 동경의대 동창회가 있을 터인데, 거기 가서 군의총감으로 있는 선배한테 당신의 활약상을 전해주겠다고, 아카기가 협박 비슷한 펀치를 날리자, 금방 군의부장의 태도가 돌변한다.

그러던 어느 날, 왕진에서 돌아온 아카기는 전보와 편지 한 통씩을 받는다. 전보는 아들 이치로의 전사통지서이고, 편지는 아들이 죽기 전에 쓴 것이다. 아무리 사람들이 죽어가는 전쟁이라지만, 자기의 유일한 혈육마저 거두어가 버릴 줄 어찌 알았겠는가? 비통한 마음으로 편지를 읽고 난 아카기는 끝내 무너져 통곡한다. 1945년 6월 1일자 편지에는 간염의 예상 감염경로가 적혀 있었다. 만주 하얼빈에서 보낸 것이니, 아마도 생체실험으로 악명 높았던 731부대와 연관이 있을법한 이치로는 후방에서 간염과 씨름하느라 여념이 없는 아버지를 멀리서 그렇게 돕고 있었던 것이다. 아버지는 통곡을 거두고 아들의 편지를 찢으며 다짐한다. "이치로, 맹세하마. 남은 생을 간염박멸에 헌신할 것을!"

동경의대 동창회에 참가한 아카기는 대표 인사말을 하는 영광을 얻는다.

> 저는 외딴 시골 개업의입니다. 자주 참석치 못해 죄송합니다. …… 먼저 부탁말씀 드리겠습니다. 만주사변 이래로 간염환자가 나타나기 시작하여 그 후 급격히 증가하고 있으며 환자의 대부분은 복통을 수반한 간 비대현상을 빚었습니다. 그리하여 15년 전부터 너도나도 다 간염이라 진단해서 '간장 선생'으로 불리게 됐습니다. 저 의사는 무조건 간염이라고 한다며 돌팔이로 오해받기도 했습니다. 요즘은 폐렴이나 위장병 환자의 8-90% 이상이 간 비대입니다. 저는 지금까지 1,500명 이상의 환자를 진료했습니다. 환자의 기록을 석학 여러분의 연구에 참고하시기를 부탁드립니다.

그의 연설은 동료 의사와 연구자들의 뜨거운 호응을 얻는다. 간염은 이제 국민병으로 취급되어야 한다는 지지발언에 이어, 외딴 벽지에서 성실히 의업에 임하고 있는 그의 열정 위로 찬사가 쏟아진다. 그 날의 주인공이 된 아카기 역시 감동의 눈물을 흘린다.

동창회에서 돌아오는 길에 그는 포로 한 명이 도망쳤다는 소식을 전해 듣는다. 그런데 그 포로를 하필이면 조수가 병원에 숨겨준 것이다. 아카기의 조수로 말하자면, 창녀로 손가락질 받는 소노코이다. 창녀 짓 한다며 혈압을 높이던 아버지가 그대로 쓰러져 숨지는 바람에 소노코는 병원에서 허드렛일을 거드는 조수로 취직해 있었다. 다시는 몸 파는 일을 하지 않겠다는 약속과 함께 말이다.

소노코의 어머니도 병든 남편을 수발하느라 성매매를 했었다. 그런 내력 때문에 마을 사람들은 소노코의 등 뒤에 대고 '그 에미의 그 딸'이라며 수군대지만, 또 한편으로는 '총알이 숫총각을 좋아한다'는 미신을 믿고서 제발 아들과 자달라고 애걸하는 등 이중적인 태도를 보인다. 그렇게 이중적인 마을 사람들보다는 총알받이로 전쟁에 나가는 어릴 적 친구를 위해 '공짜로' 그냥 자주는 소노코가 차라리 더 인간적인 것 같다. 무식하지만 순수한 소노코는 병원 일을 거들면서 차츰 아카기의 인품에 매료되어 그를 사랑하게 된다. 아버지 뻘되는 아카기로서는 이 당돌한 아가씨의 구애가 부담스럽지만 말이다.

소노코가 숨겨준 포로는 첩자로 오인 받아 심하게 고문을 당한 상태인지라 만신창이가 되어 있다. 국적은 네덜란드요, 이름은 피터라고 밝힌 포로를 아카기는 정성껏 치료해준다. 정치적으로 위험해질 게 뻔하지만, 아카기로서는 다른 선택을 할 수가 없다. 이 포로는 첩자든 뭐든 정체가 무엇이든지간에, 일차적으로 환자가 아닌가? 당장에 수술이 필요해서 외과의사 토루미까지 불러들였다. 아카기의 친구인 장교클럽 마담은 피터를 위해 몰래 도시락까지 싸들고 온다. 전쟁 중이라고는 해도 인간미가 남아 있다. 어리석은 군대를 슬금슬금 농락하는 민간인들의 기지에 웃음이 나는 장면이다.

마침내 움직일 수 있게 된 피터는 현미경을 보고 직업적 호기심이 발동한다. 그 현미경은 얼마 전 한 병사가 출전 명령을 받고 떠나기 전, 아카기에게 선물한 것이다. 아버지를 간염으로 잃은 그는 아카기에게 꼭 간염균을 찾아내 박멸시켜 달라고 당부했었다. 혼자서 끵끵거리며 현미경의 배율을 조절하느라 애를 먹던 아카기로서는 자기가 치료해준 포로가 하필이면 광학기술자라니 그야말로 하늘이 준 기회가 아닐 수 없다. 그의 도움으로 현미경의 배율을 2천 배 확대하는 것이 가능케 된 아카기 일행은 좋아서 어쩔 줄 모른다.

게다가 관찰 대상이 될 간도 확보해 두었다. 간염으로 죽게 된 마을 노인이 아카기의 부탁으로 기꺼이 자신의 간을 내놓은 것이다. 시신 기증이 일반화되어있지 않은 시대라, 죽은 노인의 몸에서 간을 꺼내기 위한 아카기 일행의 노력은 눈물겹도록 웃음을 자아낸다. 유족들이 눈치 채지 못하도록 몰래 시신을 도둑질해서 간을 빼낸 후 감쪽같이 도로 묻어야 하는 것이다. 아카기와 토루미, 그리고 사이비 스님처럼 보이는 우메모토 등 일행은 오로지 간염퇴치의 일념으로 이 일을 해낸다. 그렇게 해서 얻어진 귀한 간이다.

한밤 중, 드디어 간염 표본을 가지고 병원균의 정체를 규명하기 위해 현미경을 들이대는 순간, 커튼 틈으로 새어나오는 이상한 빛에 의심을 품은 경비병들이 들이닥친다. 단순무식한 군인들의 눈에 이 역사적인 현장이 이해될 리 없다. 아카기 일행은 그저 포로를 은닉한 반동분자일 뿐이다. 현미경은 박살나고, 피터는 죽고, 아카기 일행은 모진 고문을 받은 뒤 풀려난다. 모르핀 중독자인 토루미는 그 와중에 다시 모르핀을 구하려고 군대 창고를 습격했다가 총살당하고 만다. 그의 말대로 참 허망한 인생이다.

아카기는 난장판이 된 병원에서 주섬주섬 실험도구들을 챙기며 다시금 간염퇴치의 전의戰意를 불태운다. 그 때 걸려오는 전화, 마침 찾는 현미경이 있다는 반가운 전갈이다. 서둘러 나가려는 찰나, 두 번째 전화벨이 울린다. 평소 심장이 약했던 타카하시 할머니가 편찮으니 왕진을 와달라는 전화다. 현미경을 구할 생각에 마음이 바쁜 아카기는 내일 간다고 전해달라며 왕진을 미룬다. 현미경을 사가지고 와서도 얼른 설치해서 간염 연구를 할 생각 뿐, 왕진은 까마득히 잊어버렸다. 그날 밤, 어둠을 뚫고 울린 전화는 타카하시 할머니가 임종했다는 소식을 전한다. 장례식에 참석한 아카기는 비로소 자기가 중요한 것을 망각했음을 깨닫게 된다. 연구도 좋지만, 의사에게는 환자가 우선인 것을 잠시 잊고 있었던 것이다. 무엇 때문인가? 무엇 때문에 그토록 간염 연구에 미쳐 있었던가? 솔직히 말하면 명예욕도 있었을 것이다. 동경의대 동창회에 참석했을 때 동료 학자들이 쳐주던 우렁찬 박수소리가 그를 연구에 매진하게 한 촉매제 역할을 했을 것이다. 간염을 정복한 위대한 의사라는 타이틀에 마음을 빼앗겼는지도 모른다. 아카기는 그런 자신이 혐오스러워 죽을 것만 같다. 마을 할머니의 임종을 지키지도 못했으면서 어떻게 마을 사람들의 주치의라 할 것인가?

히스테리 상태에 빠진 그는 그 길로 군 행정담당관을 찾아가 전쟁터로 보내달라며 애원한다. 정신 차리라고, 후진양성에나 힘쓰라고 말하는 징병관한테 쫓겨나다시피 집으로 돌아온 그는 이치로의 영전 앞에서 고뇌한다. 그 때, 다급하게 병원 문을 두드리는 소리가 난다. 먼저 나가던 소노코가 걸리적거리는 액자를 떼어 아카기에게 건네준다. 문을 여니 물에 빠진 생쥐 꼴을 한 소녀가 서 있다. 아픈 아버지를 위해 멀리 코즈시 섬에서 오는 길인데, 미군 정찰기를 피하느라고 거의 헤엄쳐 왔단다. 왕진 가방을 챙기러 들어간 아카기는 방금 전에 소노코가 들려준 액자를 제자리에 걸다가 그만 의자에 털썩 주저 앉는다. 그 액자는 아카기가 그토록 애지중지하던 의사의 본분이 적힌 액자였던 것이다. "개업의는 발이 생명이다." 망치로 한 대 얻어맞은 듯 정신이 번쩍 든 아카기는 실험도구들을 제 손으로 던져 버린다.

배를 타고 서둘러 환자의 집으로 온 그는 역시나 간염환자인 소녀의 아버지를 치료하며 진심으로 고마워한다. 마을의사로서의 본분을 되새기게 해주었다며 치료를 마치고 돌아오는 배 위에서 아카기와 소노코는 라디오를 듣는다. 8월 6일 아침 7시, 노를 젓던 소노코는 고래를 발견한다. 어머니가 그랬었다. 아버지는 훌륭한 어부였고, 아버지가 잡아온 고래고기 맛을 잊을 수가 없다고 했다. 소노코에게 고래는 사랑의 은유다. 소노코는 자기가 사랑하는 아카기 선생을 위해 고래를 잡아오겠다며 작살을 들고 다이빙한다. 졸지에 벌어진 일에 놀란 아카기도 배에서 균형을 잃고 물에 빠진다. 부지런히 헤엄쳐 온 소노코가 아카기를 배위로 끌어올리고 대책 없이 사랑을 고백하는데, 저 위로 작살에 맞은 고래가 떠오른다. 이와 동시에 번쩍 하는 빛과 함께 버섯구름이 피어 올랐다.

세계사의 한 페이지를 장식한 '리틀 보이'라는 이름의 원자폭탄이 히로시마에 투하된 것이다. 이런 상황을 알 리 없는 아카기는 벌겋게 부풀어 오른 버섯구름을 보며 소노코에게 소리친다. "저건, 간 모양의 구름이야. 엄청 비대해진 간이야."

잘 먹고 잘 쉬자

〈간장 선생〉은 간염퇴치에 일생을 바친 시골의사에 관한 영화다. 어떻게 보면 교훈적이고 평범하다 못해 진부할 수도 있는 소재를 기발하게 요리해낸 솜씨가 보통이 아니다 싶은데, 역시나, 이마무라 쇼헤이 감독의 작품이란다. 〈감각의 제국〉으로 유명한 오시마 나기사 감독과 함께 일본 누벨바그의 주역으로 손꼽히는 그는 〈나라야마 부시코〉1983와 〈우나기〉1997로 칸 영화제 황금종려상을 두 차례나 거머쥐었다. 이 작품 역시 1998년 칸 영화제 초청작, 부산국제영화제 폐막작으로 선정된 수작이니, 거장의 숨결을 느끼기에 손색이 없다고 할 것이다.

오시마 감독이 〈감각의 제국〉에서 전쟁과 아무 상관없이 육체에 탐닉하는 두 남녀를 통해 역설적으로 반전의 뜻을 내비쳤다면, 이마무라 감독은 간염 퇴치라는 대단히 의학적인 은유를 사용하여 〈간장 선생〉을 반전영화로 만들었다. 전쟁만큼 국민의 건강에 치명적인 위협이 어디 또 있겠는가? '이건 무모한 전쟁이다', '가미카제는 없다'고 읊조리는 토루미의 냉소적인 입을 통해, 그리고 술집 마담에게 수작을 거는 용도로 군권軍權을 남용하는 군의부장의 가소로운 짓을 통해, 그밖에도 탈출한 포로를 서로 감싸주는 아카기 일행의 인도주의적인 행위를 통해 감독은 전쟁의 광기를 마음껏 조롱하고 있는 것이다. 특히 마지막 장면에서 하늘 높이 솟아오르는 버섯구름을 보며 아카기 선생이 혼잣말처럼 내뱉는 장면에 감독의 반전 의지가 잘 나타나 있다고 본다. “저건 간을 잃은 하카마다(시신 기증자)의 원혼일까? 아냐, 전쟁을 혐오하는 영혼들의 모습이야.”

전쟁은 어찌 보면 간덩이가 부은 인간들이나 저지를 수 있는 야만적인 행위일 것이다. 그렇지 않고서야 멀쩡한 젊은이들을 어찌 가미카제로 내몰 수 있으랴? 징용도, 정신대도, 생체실험도 모두 전쟁의 이름으로 묵인된다. 국가를 위해서라면, 또 천황폐하를 위해서라면, 배고픔도, 자식을 잃는 슬픔도 모두 기꺼이 감내해야 한다. 전쟁은 인간에게서 가장 기본적인 생존 조건, 곧 잘 먹고 잘 쉴 권리를 박탈해간다. 그러므로 간염 환자에게 잘 먹고 잘 쉬어야 낫는다고 종용하는 아카기 선생의 말은 곧 전쟁에 저항하는 말이고, 나아가 천황폐하를 모독하는 말인 것이다. 마을회관에서 국기 게양대에 일장기를 다느라 애쓰는 감기환자에게 아카기 선생이 “무리하지 말게. 그러다 간염 걸리네.”하는 장면에서 통쾌한 웃음이 저절로 터져 나오는 것은 그 때문이다. 겉으로는 탈정치적으로 보이지만, 아카기는 그 누구보다도 정치적인 발언을 하고 있다. 그는 그러니까 국가를 위해 너무 충성하지 말라는, 개인의 생명권이 훨씬 더 중요하다는 말을 하고 있는 셈이다. 전쟁 중일지라도 마찬가지라는 것이다.

이렇게 분명한 메시지를 깔고 있으면서도 영화가 시종일관 유쾌하게 전개되는 것은, 말하자면 코미디라는 장르에 기대고 있기 때문이다. 문화 탓인지, 언어 탓인지, 아니면 감독의 미숙함 탓인지 우리로서는 이 영화를 본격 코미디로 읽어내기에 어려운 감이 있지만, 감독은 이를테면 시신을 훔치는 장면에서 코미디의 극치를 선보이고 있다. 그러니 이 부분을 가지고 너무 윤리적으로 재단하느라 에너지를 쏟는 것은 시간 낭비일 뿐이다.

그런데 우리가 짚고 넘어가야할 부분이 하나 있다. 전쟁 중도 아닌데, 우리 국민의 간은 과연 안녕하신지? 말이다. "쉴 틈 없는 당신의 간, 관리가 필요합니다.", "피로를 달고 사십니까? 피로와 한 판!", "아침을 보면 그 남자의 미래가 보인다." 수많은 광고 카피들이 모두 간장약을 팔기 위한 유혹멘트로 활약 중이다. 하기야 업무상(?) 어쩔 수 없이 술을 마셔야 하는 접대문화가 판치고 있고, 시험이다 취업이다 각종 스트레스가 가히 전쟁을 방불케 하는 상황에서 우리 국민의 간이 안녕할 리가 없지 않은가? 잘 먹고 잘 쉬어야 하는데, 다이어트다 뭐다, 게다가 유전자변형식품GMO까지 가세해 먹는 것도 시원찮고, 아이엠에프IMF 이후 급변한 경제구조 속에서 쉴 수는 더더욱 없는 현실이 되었다. 어쩌면 우리 시대에 잘 먹으라는 말은 몸짱 열풍에 대한 저항 내지 패스트푸드 류의 식생활에 대한 저항으로, 잘 쉬라는 말은 무한경쟁 자본주의에 대한 저항으로 들릴 것이다. 그러니 그 때나 지금이나 간장 선생은 반체제 인물로 낙인찍히기 십상이다.

그야말로 버섯구름처럼 비대해진 다이어트 산업의 뚜쟁이가 되어 멀쩡한 사람들을 살빼기 전쟁에 끌어들이는 그런 의사 말고, 진짜로 안전한 먹거리와 건강한 삶을 염려해서 '잘 먹고 잘 쉬라'고 잔소리해주는 '우리 동네 의사선생님'이 있었으면 좋겠다. 당연한 말이지만 돈이나 명예보다도 생명을 우선시하는 의사, 창녀에서 스님까지 터놓고 사귀는 사람의 폭이 다양한 의사, 한밤중에 달려가 병원 문을 두드려도 제 식구 일인 양 반색하면서 손 잡고 달려가 주는 의사, 아무리 기세등등한 군대가 협박을 해도 전혀 기죽지 않고 환자 치료에만 전념하는 의사, 환자의 신분이나 정치색, 인종이나 지위 고하를 막론하고 모든 환자를 동등하게 인격적으로 대우하는 의사……, 그런 의사를 가진 동네는 참으로 행복할 것이다. 간장 선생이 지키는 외딴 어촌의 풍경이 아름다운 이유다.

제2부
생명윤리의 주제들

4

더 월
If These Walls Could Talk

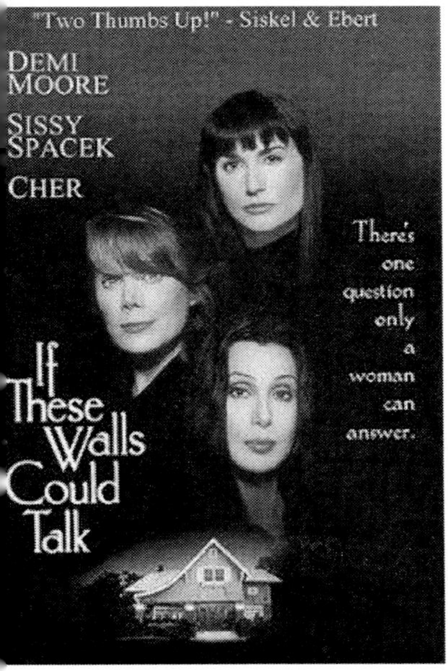

주제 : 낙태

_ 1996년 | 미국 | 드라마 | 15세 | 95분

_ 감독 : 낸시 사보카 (Nancy Savoca)
쉐어(Cherilyn Sarkisian)

_ 출연 : 데미 무어(Demi Moore)
시시 스페이섹(Sissy Spacek)
앤 헤치(Anne Heche)

로 대 웨이드

미국 텍사스 주 댈러스 지역에 살던 노마 맥코비Norma McCorvey는 가난하고 가방끈 짧은 20대 이혼녀였다. 유랑 서커스단의 매표원으로 일하던 그는 1969년 여름 퇴근길에 세 명의 남자에게 끌려가 성폭행당한 뒤 임신을 하게 된다. 앞서 이미 두 명의 자녀를 낳았지만 도저히 키울 형편이 안 되어 남의 집에 입양 보낸 터였다. 그런 마당에 또 뜻하지 않은 임신을 한 것이다. 그가 사는 텍사스 주법은 낙태를 중범죄로 규정하고 있었다. 낙태수술을 받은 여성은 말할 것도 없고, 수술해준 의사 역시 최고 5년의 징역형에 처해졌다. 맥코비에게는 '안전하고 합법적인' 낙태의 길이 없었다.

그는 산모의 생명을 해치지 않는 한 어떤 경우의 낙태도 불허한다는 텍사스 주법을 상대로 소송을 하기로 한다. 본명을 밝히기가 여러모로 위험했던 때라 제인 로Jane Row라는 가명을 썼는데, 소송 상대는 당시 낙태금지법 위반을 담당한 헨리 웨이드 검사였다. 이것이 바로 미국 법률의 역사에서 가장 유명한 판례 중 하나가 될 '로 대 웨이드'Row vs. Wade 사건의 시작이다.

주법원에서는 패소했지만, 소송을 맡은 여성 변호사 사라 헤인즈Sarah Haynes의 활약으로 이 사건은 마침내 연방대법원에까지 올라간다. 텍사스 주를 비롯한 31개 주에서 낙태가 범죄로 규정된 상황이라, 1971년 대법원이 이 소송에 대한 재심을 결정한 것 자체가 전 미국을 뒤흔드는 엄청난 뉴스거리였다. 드디어 1973년 1월 22일, 연방대법원은 대법관

9명 중 7명의 찬성으로, 낙태의 선택 여부는 임신한 여성의 헌법적 권리, 곧 사생활권에 속하는 바, 이를 금지하는 주법은 위헌이라는 판결을 내렸다. 이렇게 몇 년에 걸쳐 대법원의 심리가 진행되는 동안, 낙태시기를 놓친 맥코비가 딸을 출산해서 입양 보낼 수밖에 없던 것은 아이러니다. 하지만 그가 제기한 소송 덕분에 낙태 경험이 있는 미국 여성들은 '범죄자' 혹은 '살인자'의 누명에서 벗어나게 되었다.

흥미로운 것은, 로 대 웨이드 판결로 미국 내 낙태 찬반논쟁이 종지부를 찍기는커녕, 오히려 극성스럽게 번지는 도화선이 되었다는 사실이다. 주로 가톨릭과 청교도적 기독교 및 보수시민단체로 이루어진 보수우파는 태아의 생명권이 우선이라며 대법원의 판례를 뒤집도록 계속해서 압력을 행사하고 있다. 이들은 '법원에 보수적인 판사 보내기 운동'을 전개하기도 하고, 선거 때마다 낙태에 반대하는 입장을 표명하는 정치인에게 몰표를 주기도 한다. 심지어 낙태 시술 병원과 의사에게 직접 해코지를 하는 극우파도 더러 있다. 그 결과 주 법원 차원에서는 갈수록 낙태 조건을 까다롭게 하는 법과 판례가 잇따라 채택되어 왔다. 가령, 미성년 산모는 낙태에 앞서 부모에게 사전 고지를 해야 한다거나, 수술 받기 전 일정 기간 의무적으로 숙고 대기를 해야 한다는 판례 등이 그것이다. 그런 한편으로, 여성의 성적 주체성과 선택권은 어떤 경우에도 묵살될 수 없다는 입장 역시 팽팽하게 맞서는 실정이다.

상황이 이러하기에, 미국의 생명윤리가 낙태논쟁을 계기로 본격 가동된 것은 전혀 이상한 일이 아니다. 낙태 문제는 생명윤리가 다루어야할 주요 화두임에 틀림없다. 부끄럽게도 인구대비 낙태율에서 세계 1위를 달리고 있는 우리나라에서는 특히 '한국형' 낙태 문제의 본질과 해결 방안이 구체적으로 논의될 필요가 있다.

이러한 맥락에서 〈더 월〉은 낙태를 둘러싼 여러 가지 윤리적 쟁점들을 진지하게 고민하도록 이끄는 교과서 같은 영화다. 로 대 웨이드 판결을 기점으로 그 이전과 이후에 낙태 상황에 놓인 여성의 삶이 어떻게 변화되었는지를 3편의 에피소드로 추적한다. 그런데 거의 20여년의 시간차를 두고 3세대에 걸친 여성의 삶을 보여주는데도, 마치 다람쥐 쳇바퀴 도는 기분만 들 뿐, 별반 달라진 게 없어 보인다. 시대가 바뀌어도 여성을 가로막는 장벽들은 여전히 무너지지 않았다는 뜻일까? 이 영화의 원제가 '만약에 이 벽들이 말을 한다면'If these walls could talk인 까닭이 거기 있나 보다.

1952년 - 클레어의 사례

간호사인 클레어(데미 무어 역)는 마을 사람들에게 도널리 부인으로 통한다. 남편 도널리가 6개월 전에 한국전에서 사망하여 홀몸이 되었는데도, 그는 여전히 도널리의 부속품처럼 취급된다. 혼자 된 며느리가 딱한 것도 있겠지만, 사실 속내를 따져보면 남의 이목 때문에 시집에서는 그를 챙기느라 여념이 없다. 두 아이의 엄마인데다가 현재도 임신 상태인 시누이 벡키는 만삭의 배를 한 채 종종 클레어의 집에 들러 설거지를 해준다. 시어머니는 며느리가 혼자 살면서 잘 챙겨먹지 못할까봐 딸

편에 닭고기 수프를 전달하기도 한다. 며느리에게 잘해주는 것으로 아들에 대한 상실감을 대체하려는 마음이야 충분히 이해는 가지만, 어찌 보면 이기심의 발로일지 모른다. 집에 새 페인트칠을 하려는 며느리에게 수리비용 일체를 대주는 등, 시어머니의 극진한 애정은 끝이 없다.

클레어는 이런 관심과 보살핌이 마냥 불편하고 버겁게 느껴진다. 죽은 남편을 사랑하지 않는 것도 아니고, 시집 식구들의 고마움을 모르는 바도 아니다. 하지만 지금 처지에서는 그런 관계 일체가 숨 막히는 압박감으로 다가온다. 왜냐하면 그의 뱃속에는 결코 남편의 아이일 리가 없는 한 생명이 자라고 있기 때문이다.

영화는 임신한 클레어가 안절부절 못하면서 여기저기 낙태 방법을 은밀히 알아보는 장면들로 시작된다. 어쩌다가 임신을 하게 되었을까, 누구의 씨앗인가, 관객의 정당한 궁금증은 나중에 가서야 풀리기 때문에, 짧은 한 편이지만 미스테리를 짜 맞추는 재미가 쏠쏠하다.

클레어는 근무지가 병원이니만큼, 의사와의 친분을 이용해 안전한 낙태 방법을 모색한다. 그는 의사에게, 먹어서 해결되는 약이 있다고 들었는데 처방해줄 수 있냐고 단도직입적으로 묻는다. 펄쩍 뛰며 거절하는 의사, 누구 신세 망칠 일이 있냐는 반응이다. 미혼모 시설을 알선해 줄 테니 거기 가서 낳으란다. 그럴 수 없다고, 도저히 낳으면 안 된다고, 매달려보지만, 의사의 태도는 완강하다. 도움은커녕 무책임하다는 비난만 들은 클레어는 아무 말도 못하고 물러서 나온다.

퇴근 후 집에 와서도 창문마다 커튼을 치고 어둠 속에 자기를 가두는 그의 모습에서 외로움과 두려움이 절실히 느껴진다. 그는 약상자를 열고 '임신 중 복용금지'라는 경고문이 적힌 두통약을 한 웅큼 집어 삼킨다. 하지만 기대했던 결과는 나타나지 않고 몸만 괴로울 뿐이다. 지나가던 화장품 방문 판매원을 불러 은밀히 물어본다. 자식이 넷 딸린 어떤 여자가 또 임신을 했다는데 손을 쓸 방법이 없겠냐고 묻는다. 머뭇거리던 그 여성은 어느 외진 동네에 있는 녹색 폐가에 대해 들은 적이 있다며 소중한 정보를 흘린다. 정말로 그곳을 찾아가보는 클레어, 차마 들어갈 용기가 나지 않는다. 불법 의료시술을 해주는 곳이 분명할 텐데, 저렇게 비위생적이고 장비도 형편없는 데서 수술하다가는 꼼짝없이 죽을 것 같다. 다음 날 병원에서 그는 고참 간호사에게 살짝 또 물어본다. 친구가 있다, 임신을 했다, 애를 낳을 수 없는 처지다, 응급실에서는 가끔 '그것'을 해주기도 한다는데 도와줄 방도가 없겠느냐. 역시 모른다고 잡아뗀다. 그는 클레어에게 이 병원에서 오랫동안 일하고 싶다며, 다시는 난처한 질문을 하지 말아달라고 도리어 부탁한다.

시간은 점점 흐르고, 클레어의 몸도 예전 같지 않다. 치마 단추가 잘 채워지지 않아 옷핀으로 대충 고정시켜야 할 정도다. 추수감사절이라 어쩔 수 없이 시집에 오긴 왔지만, 마음은 한없이 허공을 맴돈다. 아들 앞세운 죄인이라는 죄책감에 이런 날에도 전축 한번 크게 못 트는 시어머니를 보노라니, 이 자리에 앉아 있다는 것 자체가 고역이다. 어느 집이 이혼녀를 세입자로 들인다더라, 하는 것도 입방아에 오를 정도로 고리타분한 시절이므로, 클레어의 임신 사건이 알려지는 날에는 정말 마녀사냥이라도 일어날 것만 같다. 클레어는 야근을 핑계로 먼저 일어난다. 일부러 명절 야근을 자청했다는 거다. 돈 걱정은 말라고, 너 하나쯤은 충분히 돌봐줄 수 있다고, 우리는 가족이라고, 다짐하듯 말하는 시어머니에게 아무 말도 못하는 클레어다. 이런 그를 혼자 가게 그냥 놔둘 식구들이 아니다. 시아버지는 막내아들 케빈에게 형수를 태워다주라고 한다.

앳된 얼굴의 케빈은 이제 막 청소년기를 지난 티가 물씬 난다. 나란히 앉은 두 사람 사이에 심상치 않은 기류가 흐른다 했더니, 아니나 다를까, 둘의 대화와 클레어의 회상 속에 나타난 정황 증거로 미루어, 뱃속 아기의 아빠는 바로 케빈이었던 것이다. 그러니 어찌 더더욱 낳을 수 있단 말인가? 임신까지는 생각조차 못하고 무조건 울며 사과하는 케빈에게 클레어는 그날 일을 잊으라며 돌려보낸다.

병원 일을 힘들어하는 클레어에게서 뭔가 이상한 낌새를 알아챈 고참 간호사는 말없이 쪽지 한 장을 건넨다. 이 번호로 전화해서 안전한 사람을 찾아달라고 부탁해 보라는 것이다. 전화 속 여성은 유부녀로, 자기 역시 푸에르토리코에서 시술받은 적이 있다고 말한다. 문제는 비용이다. 수술비는 고사하고 항공료에 호텔비까지 얹으면 족히 천 달러는 필요하다고 한다. 그만한 돈이 없다고 사정하는 클레어에게 그 여자는 좀 더 싼 가격에 해줄 만한 사람이 있는가 알아보겠다며 전화를 끊는다.

집에 온 클레어는 화장실에서 뜨개질용 대바늘을 이용해 혼자 어떻게

든 해보려고 발버둥친다. 어쩌면 이 에피소드에서 가장 충격적인 장면이 바로 이 대목일 것이다. 고통을 참지 못해 아랫배를 부여잡고 울부짖는 클레어, 때마침 방문한 벡키에게 들키고 만다. 클레어는 오랜 친구 사이기도 한 시누이에게 임신 사실을 털어놓는다. 상대가 누구냐며 다그쳐도 차마 말할 수가 없다. 벡키는 클레어를 무섭게 몰아붙인다. 오빠 죽은 지 얼마나 되었다고 그 짓이냐며 비난하고 정죄한다. 손바닥만 한 동네에서 소문날 일이 더 걱정인 그는 클레어의 안위 따위는 안중에도 없다고 잘라 말한다.

철저히 혼자가 된 클레어에게 낙태는 목숨 줄과도 같은 것이다. 시동생의 아이를 낳는다는 것은 평생 주홍글씨를 달고 사는 것이나 마찬가지일 테니까. 그때 전화벨이 울린다. 먼젓번에 고참 간호사가 소개해준 여자다. 그는 수술할 사람을 찾았다며, 400달러면 집에서 수술 받을 수 있다고 알려준다.

마침내 톰이라는 불법 낙태시술사가 집으로 찾아온다. 현관문 앞에서 선불을 요구하는 그에게 클레어가 일이 끝난 다음에 지불하겠다고 말하자, 그는 장난칠 시간 없다며 돌아서 가버리려고 한다. 짧은 등장이지만 간간히 드러나는 그의 고압적인 말투와 태도 속에서 그가 얼마나 '이런' 일을 혐오하는지, 그리고 '이런' 여성들을 경멸하는지 알 수 있다. 금방 주눅이 들어 그가 시키는 대로 순순히 따르는 클레어의 모습은 목숨 줄을 쥔 제왕적 권력 앞의 신하마냥 무력하다. 소독도 안한 수술기구들을 보며 걱정스럽게 감염 가능성을 묻는 클레어에게 사내는 "이봐요, 할거요, 말거요?” 퉁명스럽게 위협한다.

사내의 불친절한 손놀림 끝에 드디어 낙태 수술이 끝난다. 그는 수술도구들을 천으로 쓱쓱 문질러 닦아 가방에 챙겨 넣고는 말없이 떠나버린다. 부엌 식탁 위에 누워 고통스런 신음소리를 삼키던 클레어는 뭔가 잘못되었음을 직감한다. 전화기를 들고 도와달라고 말하는 그의 다리 사이에서 흥건하게 쏟아진 피는 어느새 부엌 바닥을 붉게 물들였다. 주소를 말해야 구급차를 보낼 수 있다는 안내원의 목소리에 더 이상 말을 잇지 못하는 클레어는 맥없이 주저앉고 만다. 그 시대에는 이렇게 불법 낙태시술을 받다가 어이없게 사망한 여성의 수가 이루 헤아릴 수 없이 많았을 것이다.

1974년 - 바바라의 사례

시간이 흘러 1974년이 되었다. 이제 클레어의 집에는 바바라 식구들이 산다. 바바라(시시 스페이섹 역)는 2남 2녀의 엄마다. 대학 진학을 코앞에 둔 딸부터 개구쟁이 초등학생까지 줄줄이 사탕처럼 늘어선 아이들 뒤치다꺼리에 정신이 하나도 없다. 경찰관인 남편은 야근이 잦은 터라, 자녀 양육을 오롯이 엄마 몫으로 떠넘겼다. 중년의 나이, 사실상 남편 내조에 아이들 뒷바라지도 힘겨울 판인데, 바바라는 늦깎이 대학생 역할까지 하고 있다. 정말 억척 아줌마가 아닐 수 없다. 하지만 그에게는 공부야말로 유일한 즐거움이기에, 힘든 줄 모르고 열심히 산다. 철없던 대학생 시절, 맏딸 린다를 임신하는 바람에 어쩔 수 없이 포기했던 학업을 다시 시작한 마당이니, 반드시 졸업해야겠다는 결의가 대단하다. 논문만 쓰면 졸업인데다가 가을 학기부터는 고등학교 보조교사로 일할 기회마저 잡게 되어, 한껏 들떠 있던 참이다.

그 무렵, '뜻밖의 손님'이 찾아온다. 그 나이에 또 임신이 된 것이다. 가임기를 지났을 것으로 생각하고 방심한 게 탈이었다. 갑자기 모든 일상이 엉클어지는 느낌이다. 바바라는 낙태 경험이 있는 친구 줄리아에게 묻는다. 낙태할 때 기분이 어떻더냐고. 친구 왈, 남들은 우울증이 생기거나 죄의식이 느껴진다고들 하지만, 솔직히 말하면 나는 후련했어, 그런다. 하지만 바바라는 자신이 없다.

학교에 도착하니, 지도교수가 논문 주제를 정했냐고 묻는다. 가정이 있는 여류시인의 삶을 조사해보고 싶다고 바바라는 대답한다. 그는 정말 그 점이 알고 싶다. 결혼한 여류시인들은 도대체 언제 시를 쓰는지, 일과 가정 사이에 어떻게 균형을 맞추며 사는지 말이다. 일단 해보라며 격려하는 교수와 헤어져 도서관에 간 바바라는 『우리 몸은 우리 자신이다』라는 제목의 책을 빌린다.

집에 와서 심란하게 책을 뒤적이는데, 눈치 빠른 딸 린다가 흘깃 보더니 보건소에서도 낙태를 시켜준다고 한 마디 한다. 당시는 1973년 유명한 로 대 웨이드 소송에 대한 대법원의 판결 이후로 낙태는 이제 여성의 기본권 중의 하나가 된 상황이었다. 이를 모를 리 없는 엄마지만, 린다가 보기에는 엄마처럼 답답한 사람이 없어, 자꾸 엄마를 가르치려 들게 된다. 한창 히피 문화와 페미니즘 철학에 빠져 있는 린다는 전형적으로 '엄마처럼은 안 살아'를 외치는 타입으로서, 빨리 대학생이 되어 독립할 날만 손꼽아 기다리는 중이다.

퇴근한 남편 존에게 임신 사실을 말하지만, 그 역시 달갑지 않은 표정이 역력하다. 조기 퇴직해서 편히 살려던 그에게 아내의 임신 소식은 그야말로 청천벽력이었다. 부양가족이 하나 더 들면, 그만큼 일을 더 오래 해야 한다는 뜻이다. 괜히 엄한 데 화풀이를 하며 은근히 낙태를 종용하는 남편에게 바바라는 아직 그런 결정은 하고 싶지 않다고 답한다. 그러면서 여성으로서의 생식기능이 끝난 줄 알았는데, 이런 일이 생겨 자기 자신도 당황스럽다고 털어놓는다. 다시 이성을 되찾고 위로하는 남편, 그러면 아기를 낳자고, 모두들 조금씩 고통을 분담하자고 말한다. 자기도 조기 퇴직할 생각을 버릴 테니, 당신도 학위 취득을 미루고, 린다도 가고 싶은 사립대학 대신에 당신 다니는 주립대학을 가면 되겠다는 제안이다. 반발하는 바바라, 이번 임신으로 또 대학 졸업을 미룰 수는 없다고 울부짖는다. 정말 답답한 상황이 아닐 수 없다.

우연히 부모가 싸우는 소리를 엿듣게 된 린다는 엄마에게 강하게 항의한다. 엄마 아빠가 저지른 일로 애꿎은 자기가 희생되고 싶지 않으니, 순교자가 되고 싶으면 혼자되라고 야박하게 말하는 딸 앞에서 엄마는 서운함이 밀려든다. 요리에 청소에 다림질에 숙제 봐주는 것까지, 모든 집안 일을 혼자 낑낑 대며 감당할 때도 손가락 하나 까딱 안하는 자식들이 갑자기 야속해진다. 친구 줄리아에게 신세 한탄을 하면서 '엄마 파업'을 선언하는 바바라를 보자니, 새삼 모성 이데올로기 아래 짓눌려 자아실현의 기회를 빼앗긴 세상의 모든 엄마들에게 연민이 느껴진다.

바바라는 교수에게 논문이 난관에 봉착했다고 하소연한다. 플라스와 섹스톤 등 여류시인들의 전기를 살펴본 즉, 그들의 사생활은 모두 엉망이었음이 드러났다는 것이다. 여성이 일과 가정을 병행한다는 것은 애당초 불가능한 숙제일까? 절망하는 그에게 교수는 그래도 포기하지 말라고 따뜻하게 격려한다.

부엌 식탁에 앉아 바바라는 생각한다. 뱃속의 생명을 낳을 것인가, 말 것인가? 그 때 창문 밖에서 딸 린다가 남자 친구와 데이트하는 모습이 눈에 들어온다. 젊은 남녀가 서로 사랑하는 모습은 언제 보아도 가슴 뛰는 생명력을 선사한다. 거실에서는 요즘 한창 밴드 연습에 빠져있는 큰 아들과 티브이 채널권을 놓고 누이와 다투는 막내아들로 시끌벅적하다. 이 모든 장면들이 바바라의 마음에 알 수 없는 감동을 일으킨다. 남자 친구를 보내고 집으로 들어온 딸에게 바바라는 말한다. 옳은 결정인지는 모르겠지만 다른 선택을 할 수가 없어 엄마는 아기를 낳기로 결정했다고 말이다.

딸에게 생명의 소중함을 일러주기 위해서였을까? 아니면 성에 대한 책임감을 교훈하기라도 하려는 것일까? 반드시 그런 것 같지만은 않다. 바바라의 성격상 소극적이고 수동적인 면은 있지만, 딸이 매도하듯이 그렇게 전적으로 자기희생적인 인물로는 보이지 않는다. 그는 다만 자기를 찾아온 늦둥이를 생의 선물로서 받아들일 뿐이다. 그가 일과 가정을 잘 병행할 수 있을지는 의문이다. 공부할 시간도 지금보다 더 부족해질 것이다. 하지만 분명한 것은 이 아기 덕분에 가족 전체에 어떤 변화가 생기리라는 점이다. 바바라는 낳기로 선택했고, 남은 가족들은 그 선택을 존중했다.

1996년 - 크리스의 사례

다시 세월이 흘러 이번에는 바바라 가족이 살던 집에 대학생들이 우글댄다. 이집 2층에는 전도유망한 건축학도 크리스(앤 허치 역)가 흑인 친구 패티와 함께 살고 있다. 크리스는 요즘 걱정이 태산이다. 유부남 교수의 아이를 임신했기 때문이다. 자기는 사랑의 결실이라 굳건히 믿었건만, 교수는 크리스를 걱정해주기는커녕 아내가 알까봐 전전긍긍하며 돈을 건넨다. 그제서야 크리스는 상황 파악을 제대로 하게 된다. 짝이 있는 사람의 사랑의 한계를 절감한 것이다.

돈을 받아들고 와서 마음이 착잡해진 크리스는 패티에게 도움을 청한다. 병원에 함께 가달라는 부탁이다. 패티는 싫다고 거절한다. 집안 전체가 가톨릭으로 그 자신 낙태 반대론자였던 크리스의 입장에서 수술을 받는다는 것은 엄청난 심리적 부담을 동반한 일이다. 패티는 더 생각해보라고 크리스를 말린다. 하지만 이미 임신 10주째에 접어든 크리스로서는 언제까지고 생각만 하고 있을 여유가 없다. 크리스는 혼자서라도 병원을 가겠다고 고집한다.

다음 날, 병원에 온 크리스는 낙태 클리닉 앞에서 기도회를 하고 있는 일단의 가톨릭 신자들을 만난다. 그들은 크리스에게 낙태는 살인이라며, 우리가 아기용품과 임시 거처를 알선해줄 테니 제발 낳으라고 권유한다. 그들 중 한 젊은 여성은 크리스와 엇비슷한 나이인데, 이미 자녀가 4명이나 있다고 한다. 그는 모성이 얼마나 숭고한 감정이냐며, 임신하는 순간 여성은 모두 어머니가 된다고 이야기한다.

크리스가 이들에게 둘러싸여 있는 사이, 병원에서 에스코트를 담당한 여성들이 나와 크리스를 데리고 들어간다. 그들 중 한 명이, 모성 '본능'에 반박하며 낳을 형편이 안 되는 사람에게 모성을 강요하는 것이 얼마나 잔인한 행위인가를 지적하자 시위대가 움찔하는 장면이 인상적이다.

기초적인 건강검진이 끝난 뒤, 여성 카운슬러가 크리스에게 낙태 의사를 확인한다. 그는 우선 낙태 결정이 자의인지, 아니면 어떤 압력에 의한 것인지 물은 연후에, 크리스의 종교관이나 임신 파트너와의 관계 등을 차근차근 물어나간다. 전혀 비난 섞인 말투가 아닌 동정과 공감의 말투로 이야기를 전개해 나가는 카운슬링의 전 과정을 보노라니, 데미 무어가 출연한 첫 번째 에피소드가 까마득한 옛날처럼 느껴진다.

크리스는 결국 낙태 결정을 하지 못한 채 병원 문을 나서고 만다. 임신 3개월 무렵의 태아는 아직 고통을 느끼지 못한다고 하지만, 그렇다고 해서 아이를 지우는 부담감이 사라지는 것은 아니다. 집에 와서 엄마한테 전화를 걸어, 무슨 말인가 꺼내려던 크리스는 그냥 입을 다물고 만다. 자기를 착하고 정숙한 딸로만 아는 엄마에게 이런 이야기를 한다는 것은 그 자체가 폭력인 것만 같다.

그 날 밤, 친구의 생일파티에서 술을 마시고 만취상태로 들어선 크리스를 패티가 냉랭한 표정으로 맞는다. 아직 낙태하지 못했다고, 도저히 용기가 없어 그냥 왔다고 말하는 크리스에게 패티는 내 알 바 아니라는 식으로 퉁명스럽게 대꾸한다. 그런 패티에게 크리스는 제발 딱 한번만 양심을 버리고 도와달라고 눈물 콧물이 뒤범벅된 얼굴로 호소한다. 사실상 사과는 유부남 교수 쪽에서 크리스를 향해 해야 맞을 것 같은데, 도리어 크리스가 패티에게 하고 있다. 제발 나의 실수를 용서해 달라고 말이다. 어쩌면 그 절절한 사과의 대상은 패티가 아니라 뱃속의 아기인지도 모른다. 패티는 마침내 크리스에게 말없이 휴지를 내밀며 함께 가주겠노라고 약속한다.

다음 날, 병원 앞은 시위대의 집회로 떠들썩하다. 이번에는 기도회 형식의 평화시위가 아니라, 대대적인 무력시위로 번질 조짐이 다분하다. 매주 두 번씩 낙태시술의가 여성보건클리닉을 찾는 날이면 시위가 더 극성이라지만, 이번에는 좀 지나쳐 보인다. 뉴스팀까지 출동한 걸 보니, 뭔 일이 일어나긴 일어날 것 같다. 보수적인 종교인들은 성경책을 휘두르며 낙태하는 살인자들은 지옥에나 떨어지라고 목에 핏대를 세운 채 저주의 말을 퍼붓는다. 독실한 신자일 것 같은 한 여성은 "신이시여, 부디 이 나라 여성들의 마음속에 자리 잡은 '독립'이라는 망령을 없애주소서" 부르짖으며 시위군중을 선동한다. 그런 시위대를 뚫고 병원으로 들어서려는 크리스에게 종교인들은 갖은 욕설로 부담을 준다.

마침내 톰슨 박사(셰어 역)가 모습을 드러낸다. 과격한 낙태반대론자 중에는 용케 그의 집을 알아내서 찾아가거나 그의 자녀들을 미행하는 등 못살게 구는 사람들도 있다고 한다. 심지어 그는 방탄조끼를 입고 다닐 정도로, 늘상 신변의 위협을 받는 모양이다. 병원에 도착해 헝클어진 머리를 쓸어 올리며 눈물짓는 그의 모습에서 인간적인 고뇌가 전해진다.

한편, 병원에 따라 들어온 패티는 한 흑인 여직원에게 저들의 방법이야 문제가 있지만 생각은 옳다며 지지발언을 한다. 그러자 직원은 열두 살짜리 여자아이가 성폭행당해 임신했는데 낙태를 하지 말라면 대안이 뭐냐고 따진다. 패티는 입양하면 되지 않냐고 간단히 받아친다. 다시 직원은 흑인 아기를 원하는 입양가정이 과연 몇이나 될 것 같냐고 반문한다. 그의 말은 맹목적인 낙태 반대론자들의 허를 찌르는 중요한 도전이다. 아마도 패티는 이 짧은 대화 속에서 엄숙한 도덕주의가 지닌 맹점을 크게 깨달았을 것이다.

수술대에 누운 크리스는 톰슨 박사에게 묻는다. 우리 모두가 궁금한 질문이다.

> 크리스 : 이렇게 고생스러운 일을 왜 하세요?
>
> 톰슨 박사 : 임신중절이 불법이었을 때 여성들이 당한 고통을 아니까요. 다시는 그런 세월이 오지 않았으면 좋겠어요. 환자들이 나의 도움으로 행복해 질 때 난 내가 옳은 일을 하고 있구나 생각하곤 하죠.

여기에 나오는 닥터 톰슨은 첫 번째 에피소드에 나오는 톰과 확연한 대조를 이룬다. 남성의사 톰이 여성의 몸과 삶을 객체화하면서 철저히 고압적인 태도를 견지한다면, 톰슨은 같은 여성으로서 친구 같은 자세로 여성을 돕는다. 물론 그 차이는 남녀의 차이라기보다는 신념의 차이라고 해야 오해의 소지가 없을 것이다. 톰슨은 태아의 살 권리를 부정하기 때문에 낙태 시술을 하는 것이 아니라, 여성의 신체적 · 심리적 안녕이 우선이라고 보기 때문에 온갖 도덕적 · 종교적 비난을 불사하고라도 기꺼이 그 일을 감내하는 것이다.

수술 과정에서도 톰슨은 부분마취상태인 크리스를 배려하여 단계적으로 차근차근 설명해준다. 차가운 도구를 삽입할 텐데, 느낌만 이상하지 괜찮을 거다. 소음이 시끄럽겠지만, 겁먹을 필요 없다. 옆에서는 카운슬러가 크리스의 손을 잡아주며 매순간 격려하고 힘을 준다. 이 정도 서비스라면 정말 만점짜리 의료체계라 할 것이다.

마침내 수술이 끝났을 때, 수술실 문이 벌컥 열린다. 과격분자 혹은 정신병자로 보이는 한 사내가 닥터 톰슨을 향해 "살인마!"라고 외치더니 총을 쏜다. 갑자기 벌어진 일에 사색이 된 크리스는 피범벅이 된 톰슨을 끌어안으며 소리 지른다. "도.와.주.세.요!"somebody... help! 그의 외침은 법과 도덕과 종교라고 하는 벽에 갇힌 모든 여성들의 절규일 것이다. 영화가 끝나도록 뇌리에서 지워지지가 않는다.

출구를 찾아서

옴니버스 형식으로 된 이 영화는 데미 무어 등 할리우드의 내노라하는 여배우들이 총출동한 것으로 유명하다. 특히 세 번째 에피소드를 감독한 가수 셰어는 작품에 직접 출연하는 등 열의를 보이기도 했다.

참고로 속편 격인 『더 월 2』에서는 샤론 스톤이 출연해서 동성애자 연기를 능청스럽게 하고 있는데, 이런 식으로 『더 월』시리즈가 계속 된다면, 어떤 주제들이 어떤 여배우에 의해 소화될는지 자못 기대가 크다.

이 영화에서 첫 번째 에피소드가 말하는 바는 낙태의 사회적 맥락이라고 생각한다. 어떤 임신은 지지받거나 용인 되지 못한다. 그런 상황에서 임신 당사자인 여성은 낙태를 '불가피하게' 고려하게 된다. 이 경우의 낙태는, 만약에 사회가 합법적인 결혼 내에서의 임신만이 아니라 그 밖의 임신까지 수용한다면 충분히 피할 수 있는 문제다. 하지만 그렇지 못하기 때문에 어쩔 수 없이 선택하게 된 것인데, 당사자를 도덕적으로 비난하는 것은 둘째치고라도 안전하게 시술받을 법적 조건이 마련되지 않는다면 여성의 생명권은 심각한 침해를 받을 수밖에 없다는 것이다.

한편 두 번째 에피소드는 낙태가 합법화된다고 해서 무분별한 낙태가 성행하리라는 억측은 금물임을 보여준다. 바바라는 비록 합법적인 결혼 관계 안에서 임신한 경우지만, 그것은 명백히 '원치 않는 임신'이었다. 남편도, 기존 자녀들도 각자 이기적인 욕망 때문에 새 식구의 탄생을 원치 않았었다. 그럼에도 불구하고 바바라는 이 임신을 지속시키기로 결정한다. 이러한 설정에는, 여성의 신체적 자결권은 성적 주체성만큼이나 중대한 것으로, 언제나 존중받아야 한다는 뜻이 담겨있다고 할 것이다.

세 번째 에피소드는 낙태의 정치화 현상이 두드러진 오늘 미국 내 상황을 그대로 보여준다. 보수적인 종교인들의 낙태 반대 여론이 점점 강화되는 가운데, 낙태는 정치인의 당락을 결정짓는 주요 변수로 작용할 만큼 심각한 비중을 띠고 있다. 태아의 생명권을 부르짖는 보수 우파들은 여성의 행복권이라는 말에 과민 반응을 보이면서 가부장적 가족제도를 수호하는 것만이 신의 뜻이라고 호도한다. 그들은 어째서 뱃속의 생명 하나를 그토록 귀히 여기는 자기들이, 기아로 굶어죽는 아프리카 어린이들이나 미국이 일으킨 전쟁에 의해 죽어가는 아프가니스탄과 이라크 사람들에 대해서는 그토록 무심할 수 있는지, 기이한 자기모순을 설명하지 않는다. 이러한 종교적 환원주의는 열린 사회의 민주적 대화와 공존의 노력을 가로막고 사회분열을 초래하는 주범이 될 것이다.

낙태율 세계 1위의 불명예를 안고 있는 우리나라는 모자보건법 제14조에 명시된 특별 사유 이외의 낙태가 여전히 불법이다. 또한 가톨릭 등 주요 종교들은 공공연히 낙태에 반대하고 있다. 하지만 낙태의 현실을 보면, 법은 사문화되어 있고, 종교는 무기력하기 짝이 없다. 영화에 나타난 모든 문제가 종합적으로 맞물려 있는 게 바로 우리네 상황인 것 같다. '적법한' 임신과 그렇지 않은 임신을 가르고, 축복받지 못한 생명은 낙태하거나 해외 입양을 보내도 눈 하나 깜짝하지 않는다. 여성이 일과 가정을 양립하기란 '네모 난 동그라미'처럼 불가능한 것이어서, 기혼 여성의 생계형 낙태는 날이 갈수록 늘기만 한다. 개인의 종교 여부와 낙태가 상호 연관성이 있는 것도 아니다.

제법 높은 자리에 오른 모 정치인이 "아이가 세상에 장애를 가지고 태어난다든지, 이런 불가피한 낙태는 용납 될 수밖에 없다."는 말로 구설수에 오른 적이 있지만, 어쩌면 그가 내뱉은 이 말 속에 우리 국민의

심층 무의식이 고스란히 들어있다고 봐야할 것이다. 요컨대, 우리나라 사람들은 남녀를 불문하고, 생산인구, 즉 생산성이 높은 자식만 원한다는 것이다. 시장경제에서 경쟁력이 떨어지는 자식은 낳아 봤자 소용없다는 생각이 지배적이다. 만성적인 저출산 현상을 염려하는 담론도 통상 '경제인구'가 줄어든다는 우려로 이어지곤 한다. 왜 여성들이 아이를 낳지 않으려 하는지, 아니 낳을 수가 없는지, 그런 고민은 진지하게 하지 않고, '많이 나아 애국하자'는 식의 슬로건만 난무하는 것은 한심한 국가주의적 발상이 아닐 수 없다.

미혼모에 대한 사회적 배려와 지원이 일천하고, 구체적인 성교육의 경로가 폐쇄적이며, 일하는 여성 가운데 70%가 비정규직에 포진해 있는 우리 사회에서는 무조건 낙태 반대론을 주장하는 것이 맹목적인 도덕주의로 들릴 수 있다. 도덕주의자는 그렇게 원론적인 말을 되풀이함으로써 자신의 도덕성은 입증할 수 있을지 몰라도, 문제 해결에는 전혀 도움이 되지 않는다는 사실을 인식할 필요가 있다.

낙태 문제는 인간 생명이 언제 시작하느냐는 논변으로 해결될 성질이 아니다. 보수주의 대 자유주의 사이의 지난한 싸움에서 중간 지점 어디를 찾아보겠다고 탁상공론을 한다고 해서 풀리지도 않는다. 원치 않는 임신을 예방하는 것, 임신 당사자인 여성의 요구와 권리를 충분히 경청하는 것, 임신이 축복일 수 있는 상황을 조성하기 위해 당사자와 주변 사람들과 사회가 함께 노력하는 것, 이 모든 조건들이 조화롭게 어우러질 때, 낙태 문제는 비로소 그 출구를 찾게 될 것이다.

5

씨 인사이드
The Sea Inside(Mar Adentro)

주제 : 안락사

_ 2004 |스페인, 프랑스, 이탈리아| 드라마 | 15세 | 125분

_ 감독 : 알레한드로 아메나바르(Alejandro Amenabar)

_ 출연 : 하비에르 바르뎀(Javier Bardem)
벨렌 루에다 (Belen Rueda)

이 영화를 만든 알레한드로 마메나바르 감독이 서른을 갓 넘어 만든 작품에서 '죽음'을 요리하는 솜씨가 보통이 아니다 싶었는데, 아니나 다를까, 그는 페드로 알모도바르 감독 이후 스페인을 대표하는 장르영화의 귀재로 꼽히는 인물이라고 한다.

이 젊은 감독은 벌써 이십대에 발표한 데뷔작 〈떼시스〉1996로 전 세계에 스페인 영화의 힘을 알렸었다. 두 번째 작품 〈오픈 유어 아이즈〉1997는 도쿄국제영화제 대상을 수상할 만큼 수준 높은 것이었는데, 〈바닐라 스카이〉2001라는 제목으로 할리우드에서 리메이크되기도 했었다. 이 작품에 출연한 톰 크루즈의 제안으로 그는 〈디 아더스〉2001를 만들게 된다. '타자'의 문제를 스릴러 넘치게 접근한 수작으로, 그의 첫 번째 할리우드 나들이인 셈이다. 이렇게 잠시 외도(?)를 했던 그가 다시 스페인 영화를 들고 나타났다. 안락사 문제를 다룬 〈씨 인사이드〉는 제61회2004 베니스영화제 심사위원특별대상, 제17회2004 유럽영화제 유러피안 감독상2004, 제62회2005 할리우드 골든 글로브 시상식 외국어 영화상 등 화려한 수상 경력이 말해주듯이 대성공을 이루었다. 역시 사람은 제 우물에서 길어 올린 생수를 마셔야 기운이 나는가 보다.

〈씨 인사이드〉는 스페인에서 처음으로 안락사 소송을 제기하며 '죽을 권리'right to die를 주장하였던 전신마비 환자 라몬 삼페드로Ramon Sampedro의 실화를 바탕으로 한 영화다. 자칫 무겁거나 교훈적으로 흘러버릴 소지가 충분히 있는 주제인데도 감독은 용케 균형감각과 거리감각을 유지하면서, 우리로 하여금 안락사에 대한 풍부한 성찰에로 초대한다.

라몬, 죽고 싶어도 죽지 못하는

젊은 시절 라몬(하비에르 바르넴 역)은 뱃사람이었다. 자유가 그리워 바다로 나갔고, 거기서 인생과 사랑을 배웠다. 선원이었으니, 바다라면 손금 보듯 훤하게 꿰뚫어 알 것이다. 그런 그가 수심이 얕은 바다로 다이빙해 들어갔다가 바닥에 목이 부딪혀 부러지는 사고를 당했다. 다행히 누군가에 의해 구조되었지만, 그는 목 아래 전신이 마비되는 중상을 입었다. 26년 전, 그러니까 1968년 8월 23일의 일이다.

하루 이틀도 아니고, 스물여섯 해를 그는 꼼짝없이 침대귀신으로 살아야 했다. 열아홉 살 때부터 세계를 떠돌아다니며 자유롭게 살던 그에게 전신마비란 천형이나 다름없었다. 떼어내고 싶어도 떼어낼 수 없는 거북이 등껍질처럼, 그의 몸에 착 달라붙어 육신을 가둔 침대는 도무지 그를 놔주지 않았다. 어머니가 살아계실 적엔 대소변 받아내는 일이 온통 어머니 차지였으나, 돌아가신 뒤로는 형수 몫으로 넘겨졌다. 착한 형수는 그에게 어머니 대신이었다. 늙으신 아버지와 철없는 조카는 서로 티격태격, 그야말로 세대 차란 이런 것이다, 하고 광고하는 커플이지만, 그가 종이에 그려내는 이런저런 장애보조기구들을 뚝딱뚝딱 잘도 만들어낸다. 동생 돌보랴, 아버지 모시랴, 아들 키우랴, 마누라 눈치 보랴, 형도 힘들기는 마찬가지다. 하지만 일찌감치 자유를 찾아 집을 떠났다가 영영 부자유한 몸이 되어 돌아온 동생을 원망 한 번 안하는 속 깊은 형이다. 가족을 위해 묵묵히 희생하면서, 자신의 꿈을 접고 소처럼 농장 일만 하는 형은 전통적인 가부장의 모습 그대로다.

사실 집안에 누워 지내는 환자가 있으면 가족 전체가 거기에 매달리지 않을 수 없게 된다. 밖에서 즐기는 사생활 일체를 포기하고, 화기애애한 가족 분위기를 연출할 엄두도 내지 못한 채, 숨죽이며 살얼음 밟듯 살기 마련이다. 행여 환자의 마음을 상하게 할까봐, 환자의 고통과 절망을 자극할까봐 매사에 주의하면서 환자를 돌본다. 아주 작은 실수로도 환자에게는 치명적인 위해를 줄 수 있기 때문에, 주 보호자 혹은 간병인은 매일 밤잠을 설쳐야 할지도 모른다. 가족이라는 이름으로 기꺼이 짊어지는 십자가겠지만, 솔직히 간혹 벗어버리고 싶다는 생각이 스멀스멀 올라올 때도 있다.

이쯤 되면, 아예 의식이 없다면 모를까, 이 모든 상황을 뻔히 파악하고 해석할 능력이 있는 환자로서는 죄스러워 죽을 지경이다. 나만 사라지면 식구들이 다 편안해질 텐데, 하루에도 골백번 이런 생각이 스치고 지나갈 것이다. 움직이지 못하는 육신은 거추장스럽기 그지없다. 생리적인 욕구를 스스로 해결하지 못하는 것은 수치심을 넘어 치욕감마저 불러일으킨다. 왜 그렇게 늘 웃는 표정이냐는 리포터의 질문에 라몬이 한 대답은 그래서 더욱 가슴을 후벼 판다. 도망칠 수도 없고, 항상 누군가에게 의존할 수밖에 없을 때는 웃으면서 우는 법을 배우게 된다고. 그렇다. 그는 웃고 있어도 웃는 게 아니었다. 살고 있어도 사는 게 아닌 것이다.

그렇게 살아온 세월이 무려 26년이었다. 라몬은 이제 그만 이런

'무의미한' 삶을 접기로 한다. 그에 따르면, "이런 상태의 삶은 존엄성이 없다." 그는 더 이상 생에 미련도, 후회도 없다고 담담하게 말한다. 침대에 누워서 하루 종일 시간을 '죽이며' 어영부영 목숨을 이어가는 것이 죽기보다 더 고통스러운 일이다. 그만 살면 좋겠다. 그런데 막상 죽기로 결심하니까, 죽을래야 죽을 수도 없는 자신의 처지가 더 한심스럽게 느껴진다. 하다못해 먹는 것도 남이 먹여줘야 하고, 침대에서 몸을 뒤척여 자리를 바꾸는 것도 누군가의 도움 없이는 못 하는 처지에 무슨 수로 죽는단 말인가? 식구들이 자신의 청을 들어줄 리는 만무하다. 그렇다면 천생 남의 도움을 받아야 하는데, 누가 있어 나를 죽여줄 것인가? 국가를 상대로 한 그의 고독한 싸움은 그래서 시작되었다. 그는 국가로 하여금 안락사를 인정해 달라며 홀로 외로운 소송을 전개한다.

가족, 붙잡고 싶어도 붙잡을 수 없는

그런 라몬을 보고 있자니, 가족들로서는 불편하기 짝이 없다. 좀체 생각을 잘 드러내지 않는 아버지는 '그 때 죽지 않은 게 신의 뜻이라면 무조건 살아야 한다'는 입장이다. 아버지는 아들의 처지에 누구보다 가슴이 미어지지만, 그렇다고 자식을 자기보다 앞세울 수 없어 전전긍긍한다.

형 호세는 동생의 안락사 결정에 대해 '생각은 자유지만 옳은 일이 아니'라고 일축한다. 그는 동생이 왜 죽고 싶어 하는지 도저히 납득할 수 없어 섭섭한 마음이다. "절대로, 이 집에선 절대로 죽게 놔두진 않겠다."고 분노하는 그의 말에서 동생에 대한 책임감을 넘어 죽음 자체에 대한 강한 거부감이 느껴진다.

형수 마누엘라는 시동생 라몬의 손발이 되어, 행여 욕창에 걸릴까 세 시간에 한 번씩 자세 바꿔주는 일이며, 감기에 걸릴까 스웨터를 입혔다 벗겼다 하는 일이며, 귀찮을 법한 모든 일을 어머니 마음으로 수행하고 있다. 그에게 라몬은 시동생 이상이다. 자식을 하나밖에 두지 않은 그로서는 라몬을 정말 큰 아들처럼 지극정성으로 돌본다. 마누엘라는 라몬의 안락사 결정에 다소 중립적인 입장인 것처럼 보인다. '다른 사람들 의견은 중요하지 않다, 어디까지나 본인의 의사가 가장 중요하다' 고 그는 덧붙인다.

조카 하비는 아직 어린 고등학생인지라 가끔씩 남에게 상처가 되는지도 모르고 생각 없이 말을 툭툭 내뱉기는 하지만, 오히려 그런 면이 영화의 현실감을 부각시키는 데 기여하는 것 같다. 그는 삼촌이 쓴 시를 이해하지도 못하고, 툭하면 맞춤법이 틀리기 일쑤여서 "도대체 요즘 학교에서는 뭘 가르치나 몰라" 하며 곧잘 핀잔을 듣곤 하지만, 그래도 요즘 10대 답지 않게 불평 없이 삼촌을 돕는 순진한 아이다.

이렇게 힘겨운 상황을 나름대로 슬기롭게 조율해온 이들 가족은 따라서 남들로부터 라몬을 제대로 돌보지 않아 그가 죽으려 한다는 말을 듣는 것이 가장 모욕적으로 느껴질 게 분명하다. 너무나 궁색한 이유 때문에 라몬의 안락사 청원이 법원에서 기각되던 날, 라몬과 같은 전신마비 환자인 프란시스코 데 갈다르 신부는 티브이 인터뷰를 통해 이렇게 말한다.

라몬은 살고 싶지 않다고 하지만 난 모르겠습니다. 전 라몬이 사실은 사회적 관심이나 우리의 주목을 원하는 게 아닐까 합니다. 아마도 그의 주위에 있는 가족과 친구들이 그에게 제대로 사랑을 주질 못했거나 도움을 못 줬기 때문이겠죠. 사실 라몬이 바라는 건 좀 더 사랑 받는 게 아닐까요?

이러한 그의 말은 유사한 상황에서 우리 역시 통상 할 수 있는 말을 대변한 것뿐인데도, 듣는 이의 심기를 불편하게 한다. 그는 라몬의 의도를 왜곡시키고 있을 뿐만 아니라, 가족들의 순수한 희생을 폄하하는, 너무나 오만한 관점을 보여주기 때문이다. 물론 가족들로서는 의무감이나 체면 같은 외연으로부터 완전히 자유롭다고 말할 수 없을지도 모른다. 라몬의 삶이 진정 그 자체로 가치 있어서라기보다는 가족들을 위해서 살아주었으면 하는 이기적인 마음도 없지 않을 것이다. 그럼에도 불구하고 누구도 그런 상황에 처한 가족을 함부로 비난하고 재단할 권리는 없다.

프란시스코 신부가 라몬을 설득하기 위해 이 집을 찾아왔을 때 식구들의 시선이 곱지 않은 것은 그런 이유 때문이다. 프란시스코 신부는 강경한 생명 경외론자로서 가톨릭의 보수적인 입장을 대표한다. 그는 인간이란 영원 속에 존재하기 때문에 생명은 하느님의 것이라는 논리로 라몬을 설득하려 든다. 생명을 개인의 것으로 보는 부르주아적 발상이 자살을 부추긴다는 것이다. 이에 대해 라몬은 교회야말로 사유재산을

숭배하지 않냐며 맞받아친다. 교회가 죽음을 두려워하는 분위기를 열정적으로 조성하는 이유는, 다만 '고객'을 잃지 않기 위함이라고 냉소적으로 덧붙인다. 인생의 모든 선택과 마찬가지로 죽음에 대한 권리도 개인의 존엄한 자유에 속하는 것이라는 라몬의 믿음에는 한 치의 동요도 없다. 결국 프란시스코 신부는 말싸움에서 밀려 퇴장하려다가 부엌에 있던 마누엘라와 호세를 보고 그에게 삶의 의지를 주라는 설교를 한 번 더 늘어놓는다. 하지만 그의 설교는 먹히지 않고, 오히려 분노를 억누르고 있던 마누엘라가 한 마디 한다. "두 사람 중 누가 옳은지는 잘 모르겠지만, 이것 하나만은 똑똑히 알아요. 당신은 떠버리예요."

안락사와 낙태 등 생명을 둘러싼 대부분의 문제들에서 언제나 '생명존엄성'이라는 동일 논리로 윤리의 파수꾼 역할을 자임하는 가톨릭을 위시한 종교 담론이 경청할 대목이 아닌가 싶다. 종교가 보수적 가치를 내세움으로써 사회질서를 떠받치는 중대한 기능을 한다는 점은 충분히 인정이 되지만, 현실을 무시한 채 시대착오적인 원칙만을 되풀이할 때 그런 종교는 이데올로기로 변질되기 십상이다. 그러므로 종교는 항상 현실에 대한 충분한 통찰에 기반하여 소통 가능한 윤리적 규범을 제시하도록 고민하지 않으면 안 된다. 종교는 하늘을 위해서가 아니라 땅을 위해, 고통과 번뇌로 가득 찬 땅에 사는 사람들에게 응답하기 위해 존재하는 까닭이다.

여자, 사랑하고 싶어도 사랑할 수 없는

이 영화에서는 주인공과 그 주변에 배치된 인물들의 심리묘사를 들여다보는 재미 역시 쏠쏠하다. 사실 라몬은 26년간 병상에만 누워 지내는 전신마비 환자답지(?) 않게 매우 유머러스하고 섬세하며 지적인 인물로 나온다. 첫 장면에서 심리치료사 즈네에게 농을 거는 대목을 보라. 그는 두꺼운 청치마(!)를 입어 속이 비칠 리 없는 즈네에게 치마가 비친다며 농담을 한다. 우연히 티브이에 출연한 그를 보고 충동적으로 찾아온 로라가 무심코 그의 신체장애를 각인시키는 행동을 하자 "두 아이의 아버지가 될 생각은 추호도 없다, 조카 하나로도 벅차기 때문에" 라고 말하며 로라의 실수를 무마시키는 그다. 라몬은 상대방이 곤란해 하는 상황에서 촌철살인의 유머로 사태를 진정시키고 긴장을 누그러뜨리는 능력이 탁월해 보인다. 이런 여유야말로 생의 극단까지 치닫고서 더 이상 두려워할 것이 아무것도 없는 자만이 보여줄 수 있는 달관의 경지일 것이다.

라몬은 매우 합리적이고 이성적인 사람인 것 같다. 젊은 시절 그에게는 여자 친구가 있었다. 동네 처녀였다. 그가 사고를 당하자, 무슨 생각에서였는지 여자가 결혼을 하자고 한다. 보통 남자 같으면 모른 척 하고 덥석 그 제안을 받아들일 수도 있을 것이다. 무슨 수를 써서라도 여자를 내 곁에 붙들어두고 싶지, 놔줄 성 싶지 않다. 사랑마저도 떠나면 그 상황을 견뎌내기가 퍽 고달플 것이기 때문이다. 헌데 라몬은 그러지 않았다. 지금 그대가 나한테 해 줄 수 있는 최선의 행위란 나를 떠나서 좋은 사람 만나 결혼해 잘 사는 일이라고 충고한다. 그렇게 여자는 떠났고, 라몬은 자신의 선택에 스스로 만족한다.

이 이야기를 들은 변호사 훌리아가 그 말은 "전신마비 환자들은 사랑할 권리도 없다"는 뜻이냐고 반문하자, 라몬은 아니라고 강하게 부인한다. 그는 어떤 경우에도 선부른 일반화의 오류에 빠지지 않을 만큼 균형 잡힌 사고를 하는 사람이다. 안락사를 결정한 자신의 선택이 '모든' 전신마비 환자들의 살 권리를 무시하는 것으로 비치지 않기를 당부하고 또 당부한다. 삶의 의지를 가지고 살고 싶어하는 사람들을 자기가 절대로 비난하지 않듯이, 다른 사람들도 자기와 또 자기의 죽음을 도와줄 사람을 비난하지 말아달라고 못을 박는다.

이렇게 사려 깊고 누구보다 건강한 정신 상태를 지니고 있는 라몬은 그래서 여인들의 사랑을 독차지한다. 우선 즈네라는 여성이 등장한다. 정확한 명칭은 나오지 않지만, 추측컨대 죽을 권리를 옹호하는 시민단체에서 일하는 그는 라몬과 남녀관계를 넘어선 우정을 나누며 교감한다. 그는 라몬의 결정이 어떤 외부의 압력이나 암묵적 권유에 기인하지 않고 자발적인 선택이며 일관된 바람이라는 것을 확인한 후부터 그를 지원하는 일에 노력을 아끼지 않는다. 하지만 그렇다고 해서 그가 하는 일이 무조건 안락사에 찬성하거나 자살을 직접 돕는 일은 결코 아니다. 그는 유전성 뇌혈관 질환에 걸려 언제 죽음에 이를 지 모르는 훌리아가 안락사를 원한다고 말하자, 두려움 때문에 결정해서는 안 된다고, 두려움은 아주 강력한 무기여서 인간이 스스로 결정할 자유마저 빼앗아간다고 조언한다. 그가 하는 일은 자살을 원하는 사람들의 소망을 들어주는 일이 아니다. 그는 훌리아에게 말한다.

> 제가 어려움을 겪는 사람들을 만나서, 힘들면 자살하면 된다고 말하는 줄 아세요? 그렇지 않아요. 우리가 지지하는 건 바로 자유예요. 살 수 있는 자유와 죽을 수 있는 자유. …… 유전성 뇌혈관 병이 정말 힘든 병이라는 거 알아요. 하지만 내가 말하고 싶은 건 조금만 더 생각해 보라는 거예요.

이 말에 즈네의 신념이 들어있다고 본다. 그가 사회적 비난을 감수하면서까지 그런 단체에서 일하는 이유는 인간의 기본권인 자유에 대한 믿음 때문이지, 결코 인간의 생명을 경시해서가 아닌 것이다. 이후 즈네는 훌리아의 동료 변호사 마크와 사랑에 빠져 생명을 잉태하게 되는데, 만삭의 배를 라몬의 얼굴에 대고 태아가 움직이는 것을 느껴보라고, 생명의 신비를 음미해보라고 하는 장면은 퍽이나 감동스럽다.

라몬과 우정을 나누는 또 다른 여인 로라가 등장한다. 통조림 공장에서 일하는 한편, 지역 라디오 방송국에서 아마추어 디제이로 활동하는 그는 순수하기는 한데 어딘가 좀 모자라 보인다. 아들이 둘 있는 싱글맘으로, 살다가 힘든 일이 있을 때마다 라몬을 찾아가 하소연 하는 게 그의 일상이 되었다. 그에게 라몬은 몸과 마음의 안식처 같은 존재다.

첫 대면에서 그는 라몬에게, 당신을 살고 싶게 만들기 위해 왔노라고, 어느 인생이든 가치 없는 인생은 없다고, 많은 문제를 안고 있더라도 인생이란 다 살만한 거라고, 어설픈 충고를 했다가 오히려 된통 야단을 맞는다. 라몬이 그가 찾아온 속내를 적나라하게 폭로해버린 것이다. 로라의 어쭙잖은 충고는 사실 자기 자신을 향한 말이었을 것이다. 위로가 필요한 건 로라 자신이지, 라몬이 아니었다. 각각 아버지가 다른 두 아이를 혼자 힘으로 부양하면서, 여자한테 폭력이나 휘두르고 가정을 돌보지 않는 무책임한 남자들과 사귀는 데 진저리가 난 그는 정말 위로가 필요한 여자다. 이렇게 고단하고 한심하게 살고 있어도, 그래도 사지육신 멀쩡하게 다니는 내가, 평생을 침대에 누워 지내는 저 사람보다야 낫지 않은가고 스스로 비교 우위론적 확인을 하고 싶어서 찾아왔을지도 모른다. 라몬은 그런 로라의 속내를 드러내면서, 날 구경하러 왔거나 설득하러 온 게 아니고 진짜 친구가 되고 싶어서 왔다면 먼저 내 의지를 존중해 달라고 말한다.

이 사건 이후로 둘은 아무튼 친해지는데, 단순무식하게 맹목적으로 돌진하는 로라의 행동은 라몬의 삶에 활력을 불어넣는 한편으로, 다른 여자들의 긴장감을 미묘하게 자극하는 원인이 된다. 가령, 통조림 공장이 문을 닫자 로라는 이제부터 라몬을 자기가 돌보겠다며 무작정 집에 쳐들어온다. 이런 그의 행동은 마누엘라 입장에서 볼 때 자신의 고유한 영역을 침범하는 것이다. 이와 동시에 라몬과 미묘한 애정 전선을 형성하게 된 훌리아 입장에서는 로라를 강력히 제지하지 않는 라몬의 우유부단한 태도가 질투를 유발하기도 한다. 로라는 라몬과 깊은 정신적 유대관계를 맺지는 못하지만, 그럼에도 불구하고 끝까지 라몬의 곁에 남아 그의 안락사를 돕는 역할을 담당하게 된다.

사실 라몬에게 가장 중요한 여자는 훌리아다. 무료 변호를 자원한 훌리아는 자기도 불치병을 앓고 있어 안락사를 고민하던 중 즈네가 일하는 단체로 전화를 걸었다가 라몬과 연결되게 된 것이다. 라몬과 함께 소송을 준비해 나가면서 그는 라몬의 통찰력과 인품에 매료된다. 라몬이 입에 펜을 물고서 아름다운 필체로 써 내려간 시들은 그의 영혼을 뒤흔드는 감동이었다. 무엇보다도 훌리아는 건강한 남편하고 절대로 소통할 수 없는 내밀한 고통을 라몬과 공유하면서 둘만의 영적 교감을 이루어 간다.

훌리아를 처음 본 순간, 라몬도 이 지적이고 우아한 여성에게 마음이 빼앗긴다. 둘은 누구보다도 가까이에 죽음을 거느리고 있다는 점에서 동병상린의 정을 느낀다. 왜 죽으려고 하느냐는 훌리아의 질문에 그는 답한다. 당신이 내 앞에 서 있는 1미터도 안 되는 거리, 보통 사람들에게는 아무것도 아닌 그 거리가 나에게는 당신에게 다가갈 수도, 당신을 만질 수도 없는, 도저히 극복할 수 없는 거리라고. 그게 내가 죽고 싶은 이유라고. 그러나 상상 속에서 라몬은 누구보다 자유롭게 훌리아를 욕망한다. 라몬은 침대를 박차고 일어나 바닷가를 산책하는 훌리아에게 '날아간다.' 푸치니의 오페라 투란도트에서 칼리프 왕자가 부르는 "공주는 잠 못 이루고"가 흘러나오는 가운데, 허공을 날아 도착한 바다에는 훌리아와 라몬 두 사람만 존재한다. 둘은 열정적인 입맞춤을 나누며 사랑을 확인하는데, 이 상상적인 장면은 그만큼 두 사람의 영혼이 서로를 갈망하고 있음을 상징적으로 보여주는 애틋한 그림이라 할 것이다.

훌리아는 라몬의 시들을 엮어 책으로 출판해 가지고 오겠다며 떠난다. 그는 이렇게라도 라몬의 목소리가 세상에 알려지기를 진심으로 바란다. 둘은 책이 나오는 날을 '거사일'로 정해, 함께 죽음을 향한 여정에 오르자고 약속한다.

한편, 그동안 라몬의 소송 역시 지리멸렬하게 늘어지기만 한다. 그렇게 싫어하는 휠체어에 올라타고서 동정과 비난이 뒤섞인 사람들의 시선을 견뎌가며 직접 법정에 출두까지 했지만, 판사들은 그에게 최후 진술권조차 허락하지 않는다. 변호사 마크의 논지는 이것이었다. 자살했다고 해서 자살자를 처벌하지 않는 것처럼, 라몬과 같은 환자가 존엄성을 지키며 죽기 위해 타인의 도움을 받아야 하는 경우, 정부가 개입해서는 안 된다는 것이다. 생명이 개인의 것이 아니라는 주장은 법적 판단이라기보다는 종교적 믿음인 바, 종교적 중립을 표방하는 정부가 바로 종교적 이유 때문에 안락사를 반대하는 것은 모순이라는 지적이다. 그러면서 마크는 28년이나(그 사이에 벌써 2년이 흘렀다!) 이 순간을 기다려온 라몬에게 3분만이라도 법정에서 자신의 견해를 밝히도록 해달라고 청원한다. 하지만 그의 진술이 여론에 미칠 영향을 두려워한 법정은 이 간절한 요청을 기각해 버린다.

허무하게 돌아와 훌리아가 돌아오기만 기다리던 라몬은, 책만 오고 훌리아는 오지 않자 크게 낙심한다. 그가 기다린 건 책이 아니라 훌리아였기 때문이다. 그날 밤, 그토록 강하게 이성의 힘으로 억눌러온 라몬의 감정은 드디어 폭발하고 만다. "왜 난 남들처럼 못 사는 걸까요? 왜

감사하면서 살지 못할까요? 왜 난 죽고 싶어만 하는 걸까요? 왜?"

그는 로사의 집으로 옮긴다고 했지만, 사실은 그게 아니라는 것을 식구들은 모두 알고 있었을 것이다. 떠나는 그와 작별인사조차 나누지 못하는 식구들의 심정을 헤아릴 수 있을 것 같다. 그를 태운 차가 멀어질 때까지 울면서 좇아가는 하비만큼이나 식구들도 모두 가슴이 미어졌을 것이다. 하지만 그를 붙잡는 것이 진정한 사랑이 아님을 잘 아는 그들로서는 그냥 보내주는 것만이 최선의 선물이라 체념한다.

라몬은 로사의 집이 아니라, 로사가 마련해준 전망 좋은 방에서 홀로 생을 마감한다. 그에게 삶의 전부였고, 또한 그에게서 삶의 전부를 빼앗아간 바다가 보이는 방이다. 그의 죽음은 여러 단계로 분화되어 여러 명의 손을 거쳐 정교하게 준비되었다. 그는 치사량의 청산가리가 든 물을 마시고 죽는다. 자기의 죽음에 도움을 준 사람들을 처벌하지 말아달라는, 그러나 굳이 그들을 살인자로 몰아 처벌할 요량이면, 모든 계획은 자기 머리에서 나온 것이고 그들은 다만 손을 빌려주었을 뿐이니, 손만 자르라는 유언을 남긴 채 유유히 죽어간다.

즈네가 훌리아에게 라몬의 소식을 전해주러 찾아갔을 때, 훌리아는 이미 병이 깊어 요양을 하던 참이다. 그는 라몬의 이름조차 기억하지 못한다. 뇌세포를 점령한 훌리아의 병은 그에게서 라몬과의 추억을 거두어가 버렸다. 아마 훌리아가 라몬에게 돌아가지 못한 것은 그 때문이었을 것이다. 라몬은 죽는 순간까지도 뚜렷한 의식을 가지고 있었지만, 훌리아는 그렇지 못하다. 그런 의미에서 자신의 삶뿐만 아니라 죽음조차 남에게 의지해야 하는 훌리아의 경우란 영화 속 대사처럼 '노예같은 삶'일 것이다.

영화는 즈네 가족이 바닷가를 배경으로 뛰어노는 사이, 훌리아의 손에 들린 라몬의 시가 나레이션으로 들리는 가운데 막을 내린다. 참고로 스페인어 원작의 제목 'Mar Adentro'는 라몬의 시 제목이다.

바다로
저 바다로
저 무중력의 심연으로

꿈이 이루어지고
두 의지가 모여
하나의 소원을 이루는 그곳으로

말없는 메아리 같은
우리 둘의 시선이 만나

더 멀리
더 멀리
육신을 가진 그 모든 것을 넘어

하지만 항상 난 깨어나
언제나 죽음을 소망하네

당신의 머릿결이 끝없이
내 입술을 어루만지네

죽음, 피하고 싶어도 피할 수 없는

독자께서는 감독이 혹여 안락사를 예찬하는가보다, 오해하지 마시기 바란다. 감독의 의중을 읽고자 한다면, 누구보다도 즈네의 입장이 가장 가까울 것이다. 즈네는 드디어 안락사를 시행하고자 마음먹은 라몬에게 한 번 더 생각해 보라고, 남들과의 약속을 지키기 위해서나, 여론을 의식해서나, 안락사 법제화를 위해 희생한다거나, 뭐 그런 부차적인 이유 때문에 죽어서는 안 된다고 누누이 당부한다. 죽음은 결코 일반화될 수 없는, 매우 개별적인 사건이며, 반복되거나 되돌릴 수 없는 불가역적인 사건이다. 따라서 쉽게 결정해서도 안 되고, 함부로 다루어져서도 안 된다.

그가 젊은 시절에 왜 수심이 얕은 물로 뛰어들었는지, 그 때 벌써 자살할 의도가 있었는지, 등등의 의문에 대해 영화는 끝내 침묵한다. 전신마비 환자로 살면서 죽고 싶은 마음이 생긴 이유를 외부에서 찾으려는 모든 시도에 감독은 저항하는 것처럼 보인다. 라몬은 매우 합리적이고 일관되게 자신의 자발적인 선택에 입각해서 죽음을 선택했으며, 그가 고통 없이 존엄하게 죽을 권리는 그에게 귀속된 것으로, 그의 안락사를 도운 로사를 비난하거나 처벌해서는 안 된다는 점만 부각되었을 뿐이지, 영화가 그 이상의 주장을 강요하고 있지는 않다고 본다. 그러므로 우리 역시 확대해석을 자제하는 가운데 보다 현실적인 문제를 고민하는 것이 훨씬 생산적인 논의가 될 것이다.

우선 '자발적인 선택'이라는 부분이다. 안락사를 합법적으로 허용하고 있는 네덜란드 같은 나라에서도 안락사의 1차 요건은 환자 본인의 자발적 요청이어야 한다는 점인데, 많은 경우 자의/비자의는 칼로 무 자르듯 그렇게 선명하게 구분되지 않는다는 사실을 숙고할 필요가 있다.

이 점과 연관 지어 안락사 논의가 참으로 인간적인 맥락에서 전개되려면, 그렇게 중한 상태에 놓인 환자들이 경제적인 측면에서 가족들에게 짐이 되지 않도록 의료보장제도가 완비되어 있어야 할 것이다. 만약 그렇지 못한 상황이라면 의식이 있는 마비환자뿐만 아니라 식물인간 상태의 환자들이 계속해서 생명을 연장해 가는 동안 소요되는 막대한 의료비가 고스란히 가족의 몫으로 전가될 것이고, 이것이 환자에게는 서둘러 안락사를 고려하는 외부 요인으로 작용할 것이기 때문이다.

무엇보다도 안락사 문제는 개개의 사안별로 신중하게 접근되어야 한다는 점을 덧붙이고 싶다. 죽음이란 항상 아무개의 죽음으로서, 그 아무개에게는 죽음이 온 우주의 소멸을 의미하는 대단히 중대한 사건이기 때문이다. 호주 노던 테리토리 주에서 안락사를 합법화하는 법안을 만들었다가 이내 철회한 것만 보더라도, 이 문제는 가벼이 취급될 수 없는 문제다. 아마 모르긴 몰라도, 자유와 권리에 대한, 사랑과 자비에 대한, 삶의 질과 의미에 대한 진지한 성찰들이 무르익을 때, 그제서야 우리는 본격적으로 이 문제를 거론할 자격이 있는 게 아닐까?

6

체리향기
The Taste of Cherry

주제 : 자살

_ 1997년 | 이란 | 드라마 | 15세 | 95분

_ 감독 : 압바스 키아로스타미(Abbas Kiarostami)

_ 출연 : 호마욘 에르샤디(Homayon Ershadi)
아브돌라만 바그헤리(Abdolrahman Bagheri)

자살 권하는 사회

2006년 통계청이 발표한 '한국의 사회지표'에 따르면, 지난 1995년 인구 10만 명당 11.8명이었던 자살 사망률이 2005년에 이르면 무려 26.1명으로 2.5배 늘어 경제협력개발기구OECD 가입 국가 중에서 1위를 차지했다고 한다. 이 수치는 자살대국 일본의 자살률 20.3명을 크게 앞지르는 수치로, 우리 사회가 '자살 권하는 사회'임을 방증한다.

자살을 하려는 사람 혹은 이미 자살한 사람에게 우리는 흔히 '왜'를 묻는다. 왜 살려고 하지 않(았)느냐, 왜 삶을 포기하고 싶(었)으냐, 등 왜, 왜, 왜의 연속이다. 그러면서 '자살'이라는 말을 뒤집으면 '살자'가 되니까 죽을 용기로 살면 되는 거라고 쉽게 훈계하려 든다.

하지만 자살자에게 '왜'를 묻는 것은 그다지 좋은 접근이 아니다. 당사자에게 절박한 그 이유가 남에게도 똑같은 비중으로 절박하지는 않을 것이기 때문이다. 어쩌면 모든 자살에는 저마다 타당한 이유가 있다고 보는 게 이 문제를 푸는 첫걸음일지도 모른다. 자살이란 결국 아무도 나의 고통에 공감하거나 연대하지 않는다는 극도의 소외감에서 발생하는 것이므로, 자살로써 해결하고자 한 그 고통의 깊이부터 인정해 주는 태도가 우선 필요하리라 본다.

사람들은 누구나 살면서 자살을 한번쯤은 생각해본다. 불교에서 말하듯이 삶은 그 자체가 고통이기 때문에, 인간은 누구나 숙명처럼 죽음의 그림자를 거느리고 산다. 문제는 그럼에도 불구하고, 즉 죽고 싶은 생각과 죽어야할 이유가 충분함에도 불구하고, 죽음을 택하지 않고 계속해서 삶을 지탱해나가는 근거가 무엇이냐 하는 점이다. 당장 자살하겠다고, 자살의 시간과 장소와 방법까지 다 궁리해놓은 사람에게 다시금 살고 싶은 생각과 살아야할 이유가 생기게 만들 그 마법 같은 처방이 과연 무엇인가 말이다.

20세기 영화의 거장으로 손꼽히는 이란의 대표 감독 압바스 키아로스타미가 〈체리 향기〉에서 붙잡은 화두가 바로 그것이다. 코란이 금지하고 있는 자살에 대해 다루었다는 이유로 감독에게 이란 정부의 출국금지 조치가 내려지는 바람에 〈체리 향기〉는 1997년 칸 영화제에 출품조차 되지 못했었다. 그러다가 폐막 3일 전, 경쟁작 명단에도 없고 영화제 공식 책자에도 실리지 않았던 이 영화는 기적처럼 상영기회를 얻게 된다. 그리고는 마침내 황금종려상을 거머쥐는 이변을 낳는다. 제작, 감독, 각본, 편집 등 1인 4역을 도맡은 키아로스타미 감독의 진가를 유감없이 확인할 수 있는 영화다.

죽음과 가까운 사람 1 : 군인

한 50대 중년 남자가 자가용을 천천히 몰고 가면서 누군가를 유심히 찾는다. 인부가 필요하냐며 차 창문을 두드리는 사람들에게 고개를 저어 보인다. 그는 정말 하릴없는 사람처럼 시내를 배회하다가 공중전화 언저리에서 남의 통화 내용을 엿듣는다. 젊은 사내가 급히 돈이 필요한 모양이다. 그는 차 창문을 내리고 사내에게 말한다. 돈 문제라면 내가 해결해줄 수도 있는데 넌지시 눈길을 준다. 여기까지만 보면 차 안의 남자가 '야타족'이 아닌가 의심스럽다. 순진한 젊은이(특히 여성)에게 돈을 주겠다고 꼬여 어디 이상한 데 팔아먹는 나쁜 아저씨 말이다. 그러나 여기는 테헤란이고, 부유한 지식인처럼 보이는 주인공의 표정은 자못 진지하기만 하다. 그러니 그런 쓸데없는 상상은 가당치 않다.

방금 전까지 돈이 급해 아등바등하던 젊은 노동자는 차 안의 남자가 돈을 주겠다는데도 필요 없다고 거절한다. 다시 차를 몰고 한참을 운전하던 주인공은 어느새 도시 변두리로 빠져나왔다. 쓰레기 더미에서 뭔가를 줍는 남자가 눈에 띈다. 뭘 줍느냐 물으니, 비닐봉투를 주워 공장에 갖다 주면 돈을 준다고 한다. 자기가 입고 있는 티셔츠에 적힌 영어UCLA도 읽지 못하는 그는 가난한 도시 빈민의 전형이다. 이 인물을 통해 감독은 이란의 급속한 개방화에 따른 맹목적 미국 모방심리를 꼬집는 것 같다. 이런저런 신변 이야기 끝에 차 안의 남자가 묻는다. "내 부탁 하나 들어줄래요? 돈 많이 버는 일인데……." 도대체 무슨 부탁인데 그러지, 궁금한 찰나에 갑자기 화면이 바뀌면서 경쾌한 음악을 배경으로 영화제목과 등장인물 이름이 차례로 떠오른다. 이 영화에서는 편집이 중요한 역할을 하는 것 같다.

아직도 계속해서 운전하고 있는 주인공이 다시 길 가는 사람들을 꼼꼼히 살피는 걸 보면, 아까 그 남자도 거절했다는 말이다. 이번에는 앳된 얼굴의 군인이다. 먼 길을 걸어 피로한 그에게 부대까지 태워주겠다고 한다. 이로써 20대 군인이 주인공의 차에 올라탄 첫 번째 인물이 된다. 고향에 있을 때 농사를 지었다는 군인은 두 달 전에 입대했다는데,

식구가 많은 데다 가난한 형편이어서 공부를 중도에 포기해야 했단다. 그런 그에게 주인공은 가외수입을 올리게 해주겠다며 도와달라고 한다. 당연히 무슨 일이냐, 뭘 시킬 거냐고 묻는 군인.

이봐, 젊은이. 나 같으면 뭘 시킬 거냐고 묻지 않겠어. 그보단 얼마를 줄거냐고 물을 거야. 자네 같은 사람에겐 액수가 중요할 테니까 말이지. ……… 그냥 일이야. 흔한 일은 아니지만 보수가 보통은 넘어. 단 십분 만에 여섯 달치 급료를 벌 수 있다니까. 어떤 일인지는 중요하지 않아. 얼마가 중요한 거야.

그래도 군인은 '얼마'보다 '어떤 일'인가가 더 중요한지, 집요하게 따진다. 차는 어느새 이란 특유의 지그재그 오솔길을 지나 황량한 덤불숲까지 와버렸다. 차에서 내린 남자가 마침내 '일'을 설명한다.

저기 있는 구덩이 보이지? 내일 아침 여섯 시에 여기에 와서 날 두 번 불러. 바디씨, 바디씨! 내가 대답하면 날 구덩이에서 꺼내줘. 차에 이십만 토만이 있어. 그걸 줄게. 만약에 내가 대답하지 않으면 내 시신 위로 흙을 스무 삽 퍼서 던져줘. 그런 다음 돈을 가지고 가.

이쯤에서 구체적인 상황이 파악된다. 그러니까 주인공의 이름은 바디(호마윤 에르샤디 역)고, 그는 일종의 자살 도우미 같은 것을 구하고 있는 중이다. 그는 오늘 밤 자살하려고 한다. 덤불숲 어느 나무 아래 구덩이까지 파놓았다. 그런데 혹시 마음이 바뀌면 어쩔까 안절부절이다. 구덩이 속에 들어가 수면제를 먹고 죽으려던 생각이 밤사이에 바뀌면?, 아니 수면제를 먹긴 먹었는데 죽지 않고 살아나면?, 설령 죽는다 해도 까마귀나 들짐승이 와서 시신을 훼손하면? 등 고민 끝에 그는 누군가에게 부탁하기로 한다. 삽질 한 번에 만 토만이면 거저가 아닌가? 그가 하필 선량해 보이는 군인을 낙점한 것도 다 이유가 있어서인 것이다. 군인이라면 죽음에 만성이 되어야할 것이고 미리 연습하는 것도 나쁘지 않다. 게다가 죽여 달라는 것도 아니고, 이미 죽은 시체 위에 흙을 좀 뿌려달라는 건데, 어려울 게 뭐란 말인가?

하지만 군인은 이런 일은 하고 싶지 않다고, 거꾸로 사정하다시피 말한다. 그런 그에게 바디는 어떻게든 허락을 얻어낼 요량으로 별의별 설득을 다 한다. "보아하니 자네는 쿠르드인인 것 같은데, 전쟁을 수도 없이 겪은 쿠르드족이 그렇게 겁이 많아서야 쓰겠나, 농부 출신이라니 나를 나무둥지에 줄 거름이라 생각하고 삽질만 좀 하면 될 텐데, 그게 그리 힘든가……." 쿠르드 군인은 더 이상 듣지 못하겠다는 듯, 차에서 내려 부대를 향해 뛰어간다. 허공을 맴도는 까마귀 떼를 허망하게 바라보는 바디, 벌써 저만치 한 점으로 사라져가는 군인을 바라보다 다시 차에 오른다. 이어지는 지그재그 오솔길, 흙먼지 날리는 길 위를 혼자 운전해가는 바디의 심정은 지금 어떤 상태일까?

죽음과 가까운 사람 2 : 신학자

시멘트 만드는 기계가 마치 거대한 괴물처럼 서있는 공장이다. 가동이 중지된 채 폐쇄된 공장은 이란의 경제 상황을 말해주는 것 같다. 일꾼들은 다 떠나고, 경비원 홀로 남아 기계를 지키고 있다. 아프가니스탄 출신의 노동자다. 혼자서 외롭게 지내던 터라 그 외국인은 바디를 반갑게 맞이한다. 아프가니스탄 전쟁과 이란 전쟁 등에 대해 이런저런 이야기를 나누던 바디는 혹시 이 사람이라면 들어줄 지도 모른다는 생각에 슬쩍 드라이브나 가자고 제안한다. 하지만 그는 고지식하게도 자기 위치를 이탈하면 안 된다고 사양한다. 전 여기 경비원이에요, 여길 지켜야 해요. 본토 노동자가 외면하고 떠난 일자리를 외국인 노동자가 사수하고 있다는 설정은 많은 것을 생각하게 한다.

바디는 그럼 당신 친구한테 드라이브나 가자고 말해야겠다며, 나무 아래서 책을 읽고 있는 30대 남자에게 접근한다. 그 역시 아프가니스탄 출신으로, 전쟁을 피해 유학 온 신학생이다. 신학교에서 여름 동안 일해 벌은 이천 토만을 모아 등록금에 보탤 예정이라고 한다. 쿠르드 군인도 그렇지만, 아프가니스탄 신학생 역시 타지에서 근근이 생활하고 있는 밑바닥 계층인 것이다.

바디는 그에게 자신의 용건을 말한다. 신학생이니만큼 이런 일이 흔쾌하지는 않겠지만, 오히려 신학생이기 때문에 삶과 죽음에 대한 이해가 남달리 깊을 것이라 기대했다.

난 자네 도움이 필요하네. 설교나 관심은 필요 없어. …… 물론 내 결심은 자네 신앙에 위배될 걸세. 자넨 생명이 신의 소관이라고 생각할 테니까. …… 허나 더 이상 살아갈 수 없는 때도 있는 거야. 너무 지쳐서 신의 결정을 기다릴 수가 없는 거지. 그래서 스스로 결단을 내린 거야. ……

난 고단한 내 인생을 끝마치기로 했네. 왜냐고? 자넨 이해할 수 없을 거야. 말로 설명할 수가 없어. 내가 아무리 설명해도 자네는 이해하지 못해. 이해력이 없어서가 아니야. 내가 느끼는 걸 느낄 수 없기 때문이지. 남들이 나를 동정하거나 관심을 보일 수는 있겠지만, 내 고통을 느끼는 건 불가능해. …… 그러니 부탁하네. 진정한 무슬림으로서 날 도와주게.

신학생은 코란에 나오는 '살인하지 말라'의 계명에는 자기 자신도 포함된다며 자살에 찬동하지도 않고 협조할 수도 없다고 잘라 말한다. 이에 바디는 다른 논변으로 신학생을 설득해 본다.

물론 자살은 용서받을 수 없는 죄 중의 하나겠지. 허나 불행하게 사는 것도 큰 죄라네. …… 신은 위대하고 자비로운 분이라 당신 피조물이 고통받는 걸 원치 않으실 거야. 그분 같이 위대한 분이 억지 삶을 살라고 강요할 리가 없어. 그래서 인간에게 이런 해결책을 주신 거라구.

하지만 신학생은 막무가내로 코란의 계명을 어길 수 없다며 거절한다. 자살 역시 살인이라는 입장에 변화가 없다. 세상에 이렇게 무겁고 지루한 드라이브가 또 있을까? 차는 다시 시멘트 공장으로 돌아왔다. 경비원 친구가 만든 오믈렛을 먹고 가라고 권하는 신학생에게 바디는 기약할 수 없는 다음을 이야기하며 떠난다.

죽음과 가까운 사람 3 : 노인

또다시 펼쳐진 지그재그 오솔길을 따라 인적 드문 비포장도로 위로에서 흙먼지를 날리며 차는 달리고 또 달린다. 군인도, 신학생도 모두 놓쳤다. 이제 어찌해야 한단 말인가? 이번에는 제대로 가동 중인 공장 앞이다. 바디는 차에서 내려 흙더미를 쏟아내는 트럭을 올려다보기도 하고, 돌 고르는 기구를 내려다보기도 한다. 마치 자기랑 상관없이 돌아가는 일상의 모든 것들이 신기한 듯, 그는 뚫어져라 이 모든 풍경을 바라본다. 그의 그림자 위로 쏟아지는 흙들이 이채롭다. 그가 그토록 바라는 것, 즉 자기 몸뚱이 위로 흙을 덮어주는 일을 지금 덤프트럭이 해주는 것 같다. 어쩌면 이 단순한 장면을 통해 감독은 그의 장례식을 미리 치르고 있는지도 모른다.

얼마나 시간이 지났을까? 안개처럼 그의 몸을 감싼 먼지를 헤치고 한 인부가 다가와 차를 치워달라고 말한다. 그 틈에 바디가 제정신으로 돌아와 차에 올라타는데, 그 사이 얼굴이 부쩍 초췌해진 게 몇 년은 더 늙어 보인다. 다시 운전대를 잡자마자, 불쑥 꺼내는 말, "더 이상 질문 없나요? 이제 방향을 알겠어요? 저 나무를 지표로 삼으세요." 그런다. 역시 편집의 묘미겠지만, 어느 틈에 옆자리에 사람을 태웠는지 관객으로서는 의아한 대목이다.

60대 노인이다. 이제부터 이 노인의 변이 이어진다. 어떻게 저 많은 대사를 소화할까 싶을 정도로, 노인의 말은 끝이 없다. 여태까지 군인이나 신학생과의 대화에서 줄곧 주도권을 잡았던 바디가 어쩐 일인지 말없이 그냥 듣기만 한다. 노인은 일단 바디를 돕겠다고 약속한 뒤, 그러나 친구를 돕기로 했으면 제대로 도울 의무가 있기 때문에 어려움을 말해보라고 한다. 바디는 입을 꽉 다문 채 말이 없다.

> 가족 문제거나 금전 문제겠지. 뭐든 간에 잘 생각하면 해결책이 있을 거요. 말을 하지 않으면 아무도 돕지 못해요. …… 누구나 살다보면 어려움이야 있기 마련. 어려움에 처할 때마다 이런 방법을 쓴다면 세상에 살아남을 사람이 몇 명이나 있겠소? 아무도 없을 거예요. 한 명도 살아남지 못해요.

말끝에 노인은 갑자기 좌회전을 하라고 주문한다. 모르는 길이라고 주저하는 바디에게 노인은 자기가 아는 길이라고, 비록 돌아가는 길이지만 편하고 아름답기까지 하다고 안심시킨다. 어른 말을 들으면 자다가도 떡을 얻어먹는다고 했던가? 어차피 차도 자기 것이고, 운전자도 자기 자신이므로, 바디는 노인의 말을 듣는 대신에 자기가 아는 길을 곧장 질러가도 되었을 것이다. 하지만 만약에 그랬다면, 자기가 미처 몰랐던 길을 새롭게 아는 맛은 끝내 보지 못할 것이다. 어쩌면 노인은 우리네 삶도 이와 같다고 깨닫게 하기 위해 일부러 돌아간 것이 아닐까? 사람의 앞날은 알 수 없는 법이다. 살아온 날이 아무리 힘들었다 해도, 그래서 자기가 아는 유일한 해결책이 죽음밖에 없어 보인다 해도, 그 고비만 잘 넘어서면 또 다른 생이 바로 앞에서 미소 짓고 있을지 누가 알겠는가?

노인은 에둘러 돌아가는 길을 택하고서는 시간이 아주 많은 사람처럼 자기 이야기를 풀어놓기 시작한다. 결혼 직후였다고 한다. 뭔지 모르지만 하여튼 그에게도 어려움이 닥쳤다.

> 난 너무 지쳐 끝장을 보기로 마음먹었소. 어느 날 아침 새벽 동이 트기 전에 차에다가 밧줄을 실었지. …… 뽕나무 농장에 도착했어요. 그때까지도 아직 해가 뜨지 않았어. …… 나뭇가지 위로 밧줄을 던졌지만 걸리지 않았어요. 계속해서 던지고 또 던져도 소용이 없대. 그래서 나무 위로 올라갔지. 밧줄을 단단히 동여매려구. 그때 손에 뭔가 부드러운 게 잡히는 거야. 체리! 탐스럽게 익은 체리였어요. 난 그걸 입에 넣었소. 과즙이 가득한 체리를. 두 개, 세 개 자꾸 먹었지. 그제서야 산등성이로 태양이 떠오르대. 정말 장엄한 광경이었소.

목에 맬 밧줄을 동여매러 나무 위로 올라간 남자의 손에 문득 체리가 잡힌다. 그걸 따먹고 있자니 먼동이 터온다. 그 무렵 학교에 가는 아이들의 소리가 왁자지껄하게 들린다. 아이들은 길을 가다 말고 나무 위를 쳐다보더니, "아저씨, 나무 좀 흔들어주세요." 한다. 우수수 떨어지는 체리를 주워 먹는 아이들을 바라보며 사나이는 덩달아 행복감에 젖어든다. 그는 나무에서 내려와 체리를 주워 들고 집으로 향한다. 그 밤에 무슨 일이 있었는지 모른 채 곤히 잠자던 아내가 놀란 눈을 하며 체리를 아주 맛있게 받아먹는다. 자살을 하러 떠난 사나이는 결국 체리 덕분에 생명을 구했다. 체리 향기가 그와 그의 아내를 살렸다.

"아, 그러니까 체리를 먹었더니, 모든 문제가 해결되었다, 이건가요?" 아직 말귀를 못 알아듣고 딴 소리를 하는 바디에게 노인은 중요한 것은 체리가 아니라 나 자신이라고, 내가 변했다고, 체리 향기가 나에게 생의 기쁨을 주었노라고 강조한다.

노인은 바디가 혹시 터키인이 아닌가 눈치를 살피더니, 재미있는 이야기 하나를 더 해주겠다고 한다.

어느 터키인이 의사를 만나러 갔다. 손가락으로 몸을 만지는데, 만지는 데마다 아파 죽겠다고 했다. 머리를 만져도 아프고, 다리를 만져도 아프고, 배를 만져도 아프고, 손을 만져도 아프다고 하소연한다. 진찰을 마친 의사가 말한다, "몸은 멀쩡한데, 손가락이 부러졌군요."

바디의 경우도 그렇다는 것이다. 다 아프고, 다 잘못되고, 다 엉망인 것 같지만, 의외로 괜찮은 삶일 수 있다. 병든 마음만 빼면 말이다. 노인은 사소한 문제 하나로 삶 전체를 포기하지 말라고 덧붙인다. 낙관적으로 생각하고, 긍정적으로 바라보는 연습이 필요하다고 조언한다. 생각을 바꾸면 세상이 달라지는 법이다.

노인은 다시 화제를 체리 향기로 돌린다. 그렇게 흔하고 하찮고 보잘 것 없어 보이는 일상적인 것들에 얼마나 커다란 생의 기쁨이 담겨있는지 상기시킨다. 새벽에 지평선 위로 고개를 내미는 태양, 석양에 지는 붉은 노을, 보름달이 뜨는 달밤, 밤하늘을 수놓은 반짝이는 별들, 그런 것들을 다시 보고 싶지 않냐고 묻는다. 솟아오르는 샘물을 마시는 것,

차가운 시냇물에 발을 담그는 것, 제철 과일을 먹는 것, 그런 생의 기쁨을 포기하지 말라고 당부한다.

차는 어느덧 덜컹거리는 자갈길을 거쳐 번듯한 포장도로 위를 달린다. 자갈길이 있었다는 걸 미처 예상치 못했는지, 노인이 멋쩍게 사과한다. 도시로 들어온 차는 자연사 박물관 앞에 멈춘다. 노인이 일하는 곳이다. 사실 노인은 살아있는 생물을 죽여 박제로 만드는 일을 하고 있다. 바디의 제안을 받아들인 것은 아들이 아파서 거액의 병원비가 필요한 까닭이란다. 그렇게 돈이 필요해서 돕기로 나섰다는 사람이 든 받을 궁리 대신에 살릴 궁리나 하고 있으니, 이상한 노인이다. 바디는 내일 새벽에 꼭 약속장소에서 만나자고 다짐하며 노인을 보낸다. 박물관 철문 안으로 유유히 사라지는 노인을 바라보다가 서서히 차를 모는 바디에게 부르카를 쓴 이란 아가씨가 사진기를 들이민다. 졸지에 사진사가 된 그는 만개한 꽃 앞에 선 연인의 사진을 찍어준다.

그 순간 그는 왜 차를 돌렸을까? 노인이 차에서 내리기 전 들려준 터키 노래 가사가 생각나기라도 한 것일까? '날 보러 와요' 유치한 그 노래 말이다. 박물관으로 헐레벌떡 뛰어 들어간 바디는 안내원에게 노인의 행방을 묻는다. 박제사라는데, 자녀가 빈혈을 앓고 있다는데……, 대충 설명하니 안내원이 금방 알아듣는다. 바게리씨(압둘후세인 바헤리 역)라고, 지금 작업실에 있단다. 창문을 통해 안을 들여다보던 바디는 살아있는 메추라기를 아무렇지 않게 죽여 박제로 만드는 바게리씨가 신기하기만 하다. 밖으로 나온 그에게 바디는 다시 부탁을 한다. 내일 아침에 올 때, 돌멩이 두 개를 갖고 와서 던져 달란다. 혹시 잠이 들었을 뿐, 살아있을지도 모르는데, 그냥 이름만 부르면 못 들을 수 있으니까 돌멩이를 던져 달라고 한다. “물론이죠, 세 개를 던지죠.” 노인이 대답하자 여전히 미덥지 않다는 듯, 어깨도 흔들어 보라고 말한다. 이쯤 되면 그가 과연 죽을 생각이 있기나 한 건지 의심스럽다.

깜깜한 밤, 바디의 집이다. 커튼 사이로 왔다갔다 안절부절 못하는 바디의 실루엣이 보인다. 그는 지금 짐을 챙기는 중인가 본데, 카메라는 고집스럽게도 집 안으로 들어가지 않고 창문 밖에서 그를 관찰한다. 어차피 누구나 다른 사람의 내면 속으로 들어간다는 건 불가능하다는 걸 말하려는 듯이 말이다. 드디어 잠바를 걸치고 불을 끄고 집을 나선 바디는 택시를 집어타고 길을 나선다. 하필이면 천둥번개가 요란한 밤이다. 칠흙같은 어둠을 뚫고 지그재그 오솔길을 달려, 마침내 죽을 장소에 도착한 바디는 저 멀리 네온사인이 반짝이는 도시를 바라보며 우두커니 앉아 있다. 택시 불빛마저 완전히 사라진 시간, 희끄무레한 그의 몸뚱이가 구덩이 속으로 들어가 눕는다. 간간히 치는 번개 불빛에 슬쩍 보이는 그의 얼굴 위로 나뭇잎이 떨어지고, 빗방울이 떨어지고…….
그리고 화면은 깜깜해진다.

있음 자체를 기뻐하라

천둥소리, 짐승 우는 소리, 비 내리는 소리, 그런 소리들이 없었더라면 모두들 영락없는 필름사고로 알 뻔 했다는 유명한 2분의 암전暗轉이

지나자, 관객의 눈에 황당한 장면이 들어온다. 카메라맨이 구보하는 군인들을 찍고 있다. 바디(역을 한 배우)가 스텝들에게 다가가 담배를 권한다. 감독(진짜 이 영화의 감독)은 촬영 끝났으니 쉬라고 한다. 바로 그때 영화 전체에서 유일한 배경음악인 '서머 타임'Summer Time이 가사 없는 트럼펫 선율로 울린다. 왜 하필 그 노래일까, 궁금해서 찾아봤더니, 가사에 이 영화의 메시지가 들어있어서 감독이 특별히 선곡한 거란다.

> 삶은 생각해보면 쉬운 것
> 언젠가는 노래 부르며 일어날 날 있으리
> 날개를 펴고 날아올라 하늘을 얻으리
> 그런 아침이 오기까지 아무것도 지금 그대를 해치지 못하리니
> 울지 마오, 절대로

이런 가사를 지닌 음악을 배경으로, 화면에는 엑스트라 군인들이 쉬는 모습이 나온다. 손에 들꽃을 꺾어 든 그들의 천진난만한 표정이 압권이다. 그러니까 소설로 말하면 이 부분은 에필로그인 셈이다. 허구인 소설에 대해 작가가 덧붙이는 자기 속내 같은 것이다. 이 뜬금없는 장면을 삽입함으로써 감독이 말하고 싶은 게 무엇일까? 영화가 허구 또는 비일상적 경험이라면, 현실은 비허구, 즉 생생한 일상의 경험이겠다. 그런 일상의 소중함을 잊지 말라는 배려가 아닐까? 선사들이 즐겨 쓰는 표현으로는, 일상성 속에 비상함 혹은 비범함이 들어있다는 말쯤

되겠다.

에밀 뒤르껨의 고전적인 『자살론』이나 알프레드 알바레즈의 『자살 연구』를 아무리 들여다본들, 자살 문제의 해법을 찾기란 요원해 보인다. 자살에 대한 심리학적 · 사회학적 · 생물학적 · 종교적 설명 등, 수많은 분석과 이론들이 있지만, 막상 죽음을 향해 달려가는 사람을 생명에로 돌아 세울 근거가 빈약한 게 사실이다.

영화는 바디가 '왜' 죽으려고 했는지, 끝내 설명하지 않는다. 심지어 (짐작하기로는 그가 죽지 않았을 것 같지만) 구덩이 속에 들어가 누운 그가 다음 날 아침에 어떻게 되었는지도 말해주지 않는다. 그런 점에서 이 영화는 참으로 불친절하다.

하지만 감독이 노인으로 분한 현자의 입을 통해 우리에게 말하려는 바는 분명하다. 존재 이유니, 존재 가치니, 존재 의미니, 그런 거 따지지 말고, 그저 존재 자체being itself를 긍정해 보라는 것이다. 어쩌면 바디는 50대 한창 일할 나이에 회사에서 퇴출당했는지도 모른다. 군인과의 대화에 암시되어 있듯이 그 나이 또래의 아들이 있기는 하지만, 가족에게 버림받았는지도 모를 일이다. 어쨌든 그는 존재 이유를 상실했다. 더 이상 살 가치도 없고, 살아봤자 무의미하다는 생각뿐이다. 이러한 판단은 그가 자신의 존재 이유/가치/의미를 자기 밖 '무엇'에 두고 있기 때문에 그렇다. 사람은 모두 '무엇으로' 존재할 때만 가치 있게 느끼는 버릇이 있다. 한 직장의 무엇, 한 가정의 무엇, 한 사회의 무엇으로 남에게 인정받고 존경받을 때 어깨에 힘이 들어간다. 그런 배역적인 삶에 익숙하다보면, 그저 살아있음 그 자체의 소중함을 잊기 마련이다.

감독은 영화 꼬리에 영화를 찍고 있는 장면을 다큐멘터리 기법으로 덧붙였다. 배역에 충실한 군인이라면 총을 들어야 옳지만, 일상 속에서 그는 총 대신 꽃을 든 사람일 뿐이다. 이름 모를 들꽃을 보며 행복해하는 그들의 일상적인 모습은 그 자체가 영화의 메시지를 함축적으로 보여주는 명장면이다. '무엇으로' 존재하지도 않고, 또 그럴 필요도 느끼지 않는 들꽃이야말로 강인한 생명력을 보여주는 하나의 은유가 아닌가? 그래서 성서는 솔로몬의 영광도 들꽃만 못하다고 적고 있나 보다.

'자살 권하는 사회' 속에서 죽음의 유혹을 물리칠 수 있는 묘안이란 없을 지도 모른다. 아니, 그 묘안은 가장 쉽고 평범하고 단순한 데 있는지도 모른다. 체리 향기, 그런 하잘 것 없는 하나에서도 '그것이 거기에 있다'는 단순한 사실 때문에 경이로웠던 순간을 기억해내는 것이다. 왜 없지 않고 있어야 하는가, 왜 무가치하고 무의미한 삶을 지속해나가야 하는가, 그런 생각 안에 자폐적으로 머물지 말고, 생각 밖으로 나가 존재하는 만물을 그냥 긍정해보는 것이다.

수면제를 먹었든 안 먹었든 어쨌거나 바디는 그 밤에 구덩이 속에서 한번 죽은 목숨이다. 2분의 암전을 배치함으로써 감독은 관객 역시 그 긴장감 넘치는 시간 동안에 죽음을 경험해보도록 초대하고 싶었는지도 모른다. 삶에서 이렇게 죽음을 미리 예행연습해보는 것은 삶을 좀 더 진지하고 충만하게 살아내는 데 큰 자양분이 될 것이다. 감독은 이란의 유명한 시인 오마르 헤이욤의 시에서 영감을 얻어 이 작품을 만들었다고 한다.

인간이여,
삶을 즐기려면 죽음이 늘 따라다닌다는 사실을 기억하라.
그리고 체리 향기를 맡아보아라.

7

존 큐
John Q

주제 : 의료제도, 장기이식

_ 2002 | 미국 | 드라마 | 12세 | 112분

_ 감독 : 닉 카사베츠 (Nick Cassavetes)

_ 출연 : 덴젤 워싱턴 (Denzel Washington)
로버트 듀발 (Robert Duvall)
제임스 우즈 (James Woods)
앤 헤이시 (Anne Heche)
에디 그리핀 (Eddie Griffin)
킴벌리 엘리스 (Kimberly Elise)
숀 하토시 (Shawn Hatosy)
레이 리오타 (Ray Liotta)
다니엘 E. 스미스 (Daniel E. Smith)

생명윤리의 원칙 가운데 '정의의 원칙'이 있다. 의료자원이 모든 사람들에게 골고루 분배될 만큼 넉넉하다면야 아무런 문제가 없지만, 그렇지 않고 모자랄 경우에는 어떻게 분배하는 것이 가장 무리가 없겠는가 하는 고민이 발생한다.

'각자에게 필요한 만큼' 분배하라는 말은 형식 논리상 흠잡을 데 없이 타당한 말이지만, 내용적으로는 대단히 공허하다는 데 난점이 있다. 누구는 몰라서, 하기 싫어서 그렇게 안 하는 것인가? 분배 정의가 문제시되는 것은 각자가 필요한 몫을 가져갈 수 있을 만큼 자원이 풍부하지 않다는 현실인식을 기반으로 한다. 다시 말해, 절대적 혹은 형식적 정의를 논할 수 있는 차원을 이미 넘어섰다. 그렇기 때문에, 누가 혜택을 입을 것인가를 결정함에 있어서 납득할만한 기준을 마련하는 일이 급선무가 된다. 이를 상대적 혹은 내용적 정의라 한다.

미국의 의료제도를 도마 위에 올려놓고 정면에서 문제제기를 하는 영화 〈존 큐〉는 사회 내 모든 구성원이 각자 평등하고도 공정하게 생명에 대한 권리를 갖는 그런 식의 정의란 없다고 선언한다. 적어도 자본주의 시스템의 한복판에 서 있는 미국식 의료산업에서는 말이다. 인간의 생사여탈권이 신의 손으로부터 의사의 손으로, 그리고 그 의사로 하여금 병원비를 지불할 능력이 있는 환자만 선별하여 치료하도록 압박하는 원무과장의 손으로 옮겨진 상황에서 가난하고 무력한 아버지는 울부짖는다. 돈 없는 사람은 아플 수도 없고 아파서도 안 되느냐고 말이다.

안녕이라고 말하지 마!

아빠(존 퀸시 아치볼드, 덴젤 워싱턴 역)는 공장 노동자요, 엄마(데니스, 킴벌리 앨리스 역)는 대형마트의 시간제 점원이라면, 이 집 형편이 어떤지 대강 알 만하다. 사는 게 퍽 고단해 보이는 흑인 가정의 아침은 부부싸움으로 시작된다. 아내가 긁는 바가지의 주요 내용은 돈! 착하고 성실한 것만 갖고 어찌 먹고 사냐며 진저리를 친다. 집세도 내야하고, 세금도 밀리고, 자동차 할부도 갚아야 하는데……. 이때 아들 마이크가 식탁에 와 앉는다. 어느새 환해지는 부모의 표정. 이 집안의 유일한 낙이 바로 아들이구나, 금방 알게 된다. 가난하지만 구김살 없이 자란 마이크는 보디빌딩을 좋아해서 유명한 보디빌더 흉내로 부모를 웃게 만든다.

아들을 학교까지 태워다 주고 '안녕'이라 말하는 아빠에게 아들이 하는 말,

> 나는 안녕이란 말 싫어요. 그냥 이따 보자 그래요.

그냥 흘러 지나가는 대사 같지만, 이 아이에게 곧 들이닥친 가혹한 운명을 생각한다면 결코 예사롭지가 않다. 이제 마이크는 잠시 후면 '심방중격결손증'이라는, 병명조차 외우기 힘든 중병으로 심장이식수술을 받지 않으면 안 될 급박한 처지에 놓이게 될 것이다. 그러므로 지금 마이크의 이 대사는 삶에 대한 강한 의지를 보여주는 중요한 복선이자, 아버지로 하여금 절대 어떤 경우에도 아들에게 '안녕'이라 말하지 않겠다고 다짐하게 만드는 강한 암시라 하겠다.

의료보험의 허와 실

동네 꼬마들이 야구 게임을 한다. 부모들까지 동원되어 제법 떠들썩한 마을 축제처럼 진행되는 이런 가족행사가 미국문화에서는 흔한 일인가 보다. 이렇게 전 국민이 즐기는 스포츠가 있고, 또 이를 뒷받침할 만한 물리적 토대가 마련되어 있다는 건 언제 보아도 부러운 점이다. 어쨌거나 야구복을 입고 진지하게 게임을 즐기는 한 무리의 아이들 틈에 마이크가 끼여 있다. 타석에 나선 마이크. 한 방 날리라는 부모의 응원에 힘입어 정말 멋지게 안타를 치고는 달려 나가다가 갑자기 심장을 움켜쥐고 쓰러진다. 털썩.

이런 날벼락이 있나? 기겁한 부모는 서둘러 아이를 안고 병원으로 내달리는데, 응급실에 도착하자마자 간호사는 서류부터 작성하라고 채근한다.

잠시 후, 부모는 심장전문의 터너 박사와 원무과장 레베카 앞에 앉아 면담을 한다. 그의 건강보험 내용을 훑어본 원무과장은 "이 보험으로는 아무 것도 할 수 없다"do nothing고 잘라 말한다. 급성 심부전증으로 아이의 심장이 평균보다 3배가량 커져 있어서 당장에 이식수술을 요하는 상태이지만, 이 가난한 흑인 부부의 의료보험 상태로는 수술비를 충당할 수가 없다는 것이다. 그러니 조용히 아이를 데리고 집에 가서 마지막까지 고통 없이 지내다 갈 수 있도록 해주라고 조언한다.

이 장면을 이해하려면 미국의 의료체계를 좀 살펴볼 필요가 있다. 미국의 의료보험은 자동차보험과 마찬가지로 그 종류가 매우 다양하다.

국가가 운영하는 의료보험관리공단이 별도로 존재하지 않고, 모두 민간 보험회사들이 관리한다. 약관 역시 회사마다 조금씩 달라서, 이를테면 피보험자 자기부담 비율이 상품별로 5-30%씩 천차만별이다. 또 병원에 한번 갈 때마다 진료비로 얼마를 내는가 등의 조건이 제각각이므로, 소득에 따라 자동적으로 의료보험료가 정해지는 것이 아니라 자기가 선택하는 항목에 따라 차이가 나게 된다.

보험은 크게 제네럴General과 HMOHealth Maintenance Organization, 건강유지기구, PPOPreferred Provider Organization, 선별공제기구로 나뉜다. 간단히 말해, 제네럴은 보험료는 비싸지만, 어떤 병원이나 의사를 선택하든 보험혜택을 받을 수 있는 것이다. 반면에 HMO와 PPO는 제네럴에 비해 보험료는 저렴하지만, 혜택을 받을 수 있는 의사와 병원 선택에 제한이 있다. 이 중에서 HMO는 미국에서 가장 오래되고 흔한 건강보험으로, 보험료가 싼 대신에 보험이 적용되는 질환이 훨씬 제한적이다. 더욱이 보험회사가 지정한 의사 중에서 주치의를 선정하고, 진료는 꼭 그 주치의에게 가서 받도록 되어 있다. 반면에 PPO는 HMO보다 보험료가 비싼 만큼 훨씬 더 많은 의료혜택을 받을 수 있고, 병원상호간의 네트워크를 이용할 수 있는 장점이 있다. 미국에서는 대체로 직장인이 소속회사의 단체의료보험에 들지만, 그것만으로 만족스럽지 않은 경우 개인이 다른 의료보험회사의 상품에 가입할 수도 있어서, 철저히 능력 위주의 자본주의 시스템이라 할 것이다.

맞벌이인 존 큐 부부의 경우, 아내는 파트타임 직원이기 때문에 직장의료보험에 가입되어 있지 않지만, 남편은 전일제 근무자이기 때문에 직장의료보험에 가입되어 있었다. 따라서 존 큐가 원무과장에게 그동안 보험료를 꼬박꼬박 냈는데 왜 내 아들이 치료받을 수 없느냐고 따지는 것도 일리가 있다. 그러나 원무과장은 '당신의 의료보험이 PPO에서 HMO로 전환된 것을 몰랐느냐'며 오히려 다그친다. 존 큐는 자기도 모르는 사이에 회사가 임의대로 자신의 보험 등급을 낮춘 사실을 알지 못했던 것이다.

존 큐는 터너 박사에게 이런 상황에서 당신 같으면 어떤 선택을 하겠냐고 되묻는다. 무리를 해서라도 수술을 시킬 것인가, 아니면 퇴원해서 죽을 날만 고대할 것인가. 박사 왈, "내 아들 같으면 수술을 시키겠다"고 한다. 그러면 그렇지, 어디 돈 나고 사람 났나, 사람 나고 돈 났지. 존 큐는 나 역시 똑같다고, 다른 선택은 없다고, 이글거리는 눈으로 대꾸한다.

그러자 원무과장이 수술을 위한 수속을 밟으라고 재촉한다. 수술비만 25만 달러라고 한다. 이식 대기자 명단에 올리려면 수술비의 30%에 해당하는 7만 5천 달러를 당장에 보증금으로 내야 한다. 이 부부에게 남은 은행잔고는 고작해야 1천불인데…….

직장 동료들이 수술비에 보태라며 한 푼 두 푼 모아주고, 다니던 교회에서 특별헌금을 걷어주고, 가재도구를 팔고, 결혼반지를 팔고, 나중에는 차까지 팔지만, 보증금의 벽은 높기만 하다. 대기자 명단에 이름을 올리지도 못한 채 속수무책으로 죽어가는 아들을 바라보는 부모의 심정은 참혹하기만 하다. 보다 못한 엄마가 존 큐에게 소리친다.

어떻게든 해봐! 뭐라도 좀 하라구!

돈 놓고 사람 놓나?

마침내 존 큐는 자존심을 접고 뭔가를 하기로 결심한다. 그가 하려는 그 뭔가의 첫 단계는 심장전문의 터너 박사에게 통사정을 하는 것이다. 당신은 1년에 300여건의 수술을 집도하는데, 이번 한번만 눈 꽉 감고 그냥 해주면 안 되겠냐고, 내가 평생토록 그 은혜를 잊지 않고 갚을 테니, 제발 우리 아들 좀 살려달라고. 이런 절절한 사연이 의사에게 통할 리가 없다. 곁에 있던 원무과장이 냉담하게 내뱉는다.

전국에 5천만 인구가 의료혜택을 못 받고 죽어 가는데, 왜 우리 병원이 당신네 가족만 특별대우를 해야 하죠?

이 말도 틀리지는 않는다. 하지만 절박한 사람의 귀에 그런 일반론이 들어올 리가 없다. 범죄자 뒤에는 범죄자를 만드는 사회가 있다고 하던가? 평범한 소시민이었던 존 큐는 가급적 넘지 않았으면 좋았을 제2단계로의 선을 넘고야 만다. 터너 박사를 인질로 잡고 응급실을 점거하는 것이 바로 그것이다. 이렇게 극단적인 방법을 써서라도 아들을 살릴 수만 있다면 살리겠다는 결심을 한다.

존 큐는 긴급 출동한 협상전문가와 경찰서장에게 한 가지 요구조건을 제시한다. 아들을 대기자 명단에 올려 달라는 것이다. 능숙한 협상전문가

프랭크는 그런 존 큐의 입장에 충분히 공감을 하면서 어떻게든 일을 매끄럽게 풀어보려고 애쓴다. 하지만 비열한 야심가인 먼로 서장은 이 불법 사태를 속히 진압함으로써 언론에 얼굴을 알릴 속셈밖에는 다른 관심이 없다. 기껏 뚜렷한 문제의식을 가지고 빠르게 전개되던 영화가 갑자기 이 부분에서 지루하고 진부해지면서 만화처럼 희화화된 것이 흠이긴 하지만, 그래도 감독은 이쯤에서 영화의 중심 주제를 강조하는 걸 잊지 않는다.

아픈 사람은 도와야 한다. 아픈 사람은 치료 받을 권리가 있다!

존 큐가 외친 이 구호는 어느새 병원 앞에 운집해 있던 수많은 사람들의 입에서 입으로 메아리가 되어 울린다. 사회주의 국가가 아닌 이상, 무상교육과 무상치료는 그림의 떡일 것이다. 그럼에도 불구하고, 아무리 자본주의 국가라지만, 돈이 없어서 교육을 못 받는다거나, 돈이 없어서 치료를 못 받는 것처럼 억울한 일도 없지 않은가? 정의사회란 먼 데 있는 것이 아니다. 아픈 사람은 응당 치료받을 수 있어야 한다. 생명에 대한 권리는 누구에게나 동등하게 보장되지 않으면 안 된다. 〈존 큐〉는 다소 무리한 방식으로 의료 영역에서의 정의가 어째서 기본 원칙에 속하는지를 새삼 되새겨준다.

병원이라는 영어단어hospital나 호텔hotel 또는 호스피스hospice 등은 모두 '환대'hospitality라는 의미를 바탕에 깔고 있다. 환대란 우리말로 '정'에 가까운 개념이다. 인간 사이에 오고가는 정으로 넉넉하게 맞이해주고 대접해주는 것이 환대의 참뜻이다.

지금 존 큐가 점거하고 있는 병원의 이름이 하필이면 '호프 메모리얼 병원'Hope Memorial Hospital인 것에 주목하자. 너무 이상주의적인 발상인지 몰라도, 병원은 희망의 산실이어야 한다. 아픈 사람에게 나을 희망을 주고, 가난한 사람에게 돈이 없어도 치료받을 수 있다는 희망을 주는 곳이면 좋겠다. 물론 병원에서 고치지 못하는, 소생불능의 환자도 많이 있다. 그러나 병원은 그런 환자에게도 죽음 이후의 생에 대한 희망을 줄 수 있어야 한다. 병원이란 이렇게 인간이 가장 나약한 순간에 인간으로서 여전히 존엄한 대우를 받고 있음을 확인하는 곳, 그리고 고통 가운데 진정한 삶의 본질과 맞닿을 수 있는 곳이어야 한다. 예수도 세상에 '의사'로 왔다고 말한 적이 있다. 종교의 임무가 치유라면, 병원의 임무는 치료이다. 그 둘은 서로를 보완하고 필요로 한다.

존 큐는 자기 아들을 내친 이곳이 여전히 병원이라면, 아파 죽어가는 사람 앞에서 최소한 돈 타령은 하지 말아야 하는 것 아니냐고 울부짖는다. 그의 말이 옳기는 하지만, 현실은 그런 이상과 거리가 멀기에 씁쓸하기만 하다. 더구나 그런 주장을 관철시키기 위한 그의 방법은 사람들을 감동시킬 수는 있었을지 몰라도 적법한 방법이 아니기에 더욱 씁쓸하다. 영화

말미에 그는 총기 사용 및 인질극을 벌인 대가로 실형을 언도받는다. 약자를 거리로 내모는 것 외에, 다르게 말하면 약자로 하여금 총을 들지 않으면 안 되게끔 극한으로 몰아세우는 것 외에 다른 대안은 없을까?

〈존 큐〉의 마지막은 헐리웃 영화답게 싱거운 해피엔딩으로 마무리된다. 이 사건이 생방송으로 전국에 전해지면서 그의 행동에 동정을 보내며 미국의 의료체계를 비판하는 강도 높은 여론이 조성된다. 이에 밀려서 그랬는지, 아니면 "내 심장이라도 꺼내서 아들에게 이식하라"며 자기 머리에 총을 겨눈 존 큐의 부성애에 감동했는지, 마침내 원무과장은 마이크를 대기자 명단에 올린다. 그리고 때마침 영화 초미에 등장했던 교통사고 환자의 심장이 마이크에게 이식하기에 적합하다는 판정이 내려져, 마이크는 마침내 수술대에 오르게 된다.

영화는 끝나고, 관객은 박수로써 존 큐의 승리를 축하했지만, 마음은 개운하지가 않다. 왜냐하면 그 승리는 존 큐 개인의 승리일 뿐, 전체에게 골고루 혜택이 돌아가는 식의 시스템 개혁이 아니기 때문이다. 의료에서 정작 필요한 것은 자선이기 보다는 정의라는 것, 어쩌면 이 영화가 던져주는 화두가 아닐까 생각해본다. 인간은 신분이나 경제적 지불능력과 상관없이 누구나 인간의 존엄성을 지키기 위한 '최소한의 의료권'the right to a decent minimum of healthcare을 지녀야 하는 것 아닌가?

총체적으로 볼 때, 〈존 큐〉는 문제를 들추는 데는 성공했는지 몰라도, 해결은 제시하지 못한 미완의 작품이라고 말할 수 있겠다. 여전히 세상에는 제2, 제3의 존 큐가 넘쳐난다. 병원 문턱도 넘어보지 못한 채, 제 자식의 목을 조를 수밖에 없는 수많은 아버지들이 있다. 그들이 간절히 희망하는 것은 치료받을 기회의 균등이고, 필요에 따른 분배이지만, 현실은 그렇지 않아 답답하다. 그럼에도 불구하고 〈존 큐〉의 문제제기는 특히 신자유주의 경제 질서가 기승을 부리는 이때, 대단히 의미심장하게 다가온다. 지금이야말로 자본주의 의료체계에 대수술이 필요한 때가 아닌가 하는 메시지를 주고 있다.

8

마빈의 방
Marvin's Room

주제 : 장기이식

_ 1996년 | 미국 | 드라마 | 12세 | 98분

_ 감독 : 제리 작스 (Jerry Zaks)

_ 출연 : 메릴 스트립(Meryl Streep)
레오나르도 디카프리오(Leonardo Dicaprio)
다이안 키튼 (Diane Keaton)

장기 이식의 딜레마

감동적인 광고 한 편이 생각난다. 다양한 연령층의 사람들이 나와서 각자 자기 생일을 이야기하는데, 모두 같은 날이다. 사연인 즉, 어떤 뇌사자의 장기 기증 덕분에 새로운 삶을 살게 되었다는 것이다. 이들은 뇌사자의 장기를 이식 받은 그 날을 제2의 생일로 기념하면서, 이렇게 여러 사람에게 '선행'을 하고 떠난 한 명의 뇌사자에게 진심어린 감사의 인사를 하고 있었다. 그러니까 이 광고는 장기 기증을 권장하는 '공익' 광고였던 것이다.

물론 뇌사자 장기 이식은 고결한 생명 나눔의 실례임이 틀림없다. 살아 있는 사람(생체)의 장기를 이식하는 것보다 뇌사자 장기 이식이 훨씬 더 안전하고 수혜의 폭도 넓기 때문에 바람직한 측면이 많다. 하지만 뇌사자 장기 이식과 관련해서는 뇌사를 죽음으로 인정할 것인가의 근본적인 문제가 여전히 논란거리로 남아 있기 때문에, 공익 차원에서 이 문제를 다루어도 괜찮은가, 하는 의문을 갖게 된다. 만약 뇌사를 죽음의 판정 기준으로 사용한다면, 뇌사자는 이미 죽은 사람이므로 그의 장기 기증을 선행이라 말하는 것도 우스울 것이다. 죽은 사람은 말이 없을 뿐만 아니라 행위도 없기 때문이다. 선행이든 악행이든 어떤 행위가 성립하려면 무엇보다도 살아 있어야 하는 것이 자명한 이치 아닌가?

1954년 미국에서 세계 최초로 일란성 쌍둥이끼리의 신장 이식 수술에 성공한 이후로, 간, 췌장, 심장, 폐, 골수, 각막 등 장기 이식 분야의 기술은 놀랍도록 발전해 왔다. 그 중에서 살아 있는 사람이 나누어

줄 수 있는 장기는 신장 한 개와 간장 일부이고, 나머지는 모두 뇌사자에게서 적출해야 하는 것들이다. 우리나라는 1969년 최초의 신장 이식 수술에 성공한 이래, 세계적인 수준의 이식 기술을 보유할 만큼 의료적 성과를 거두었다. 그러나 전체 의료 서비스에서 이 분야만큼 수요와 공급 간의 극심한 불균형을 보이는 분야도 드물기 때문에, 거기서 파생되는 윤리 문제가 심각한 실정이다.

2007년 2월 기준, 우리나라에서 장기 이식을 기다리는 환자 수는 모두 9,853명인데, 장기를 기증한 뇌사자는 34명에 그치고 있다. 2006년의 경우, 141명의 뇌사자가 597명에게 장기를 나누어 주었다고 하지만, 대기자 수에 비하면 턱없이 모자란 수치다. 아마도 죽음에 대한 금기가 무의식적으로 강하게 작동하는 사회여서 그럴 것이다. 무덤을 파헤치는 것도 불경하게 여겨지는 터에, 시신에 칼을 대는 일은 얼마나 망극한 일로 간주될 것인가? 더구나 우리나라의 "장기 등 이식에 관한 법률"에 보면, 개인이 뇌사 시 장기 기증 의사를 밝혔다고 하더라도 그 가족이 거부하면 할 수 없게끔 되어 있다. 이렇게 개인의 자율성보다 가족의 의사를 우선시하는 풍토 역시 뇌사자 장기 기증 비율을 낮추는 원인이다. 그런가 하면 본인이 뇌사 상태에 빠지기 전에 장기 적출에 반대하는 의사를 밝히지 않은 한, 가족의 동의하에 장기를 기증할 수 있도록 되어 있어, 가족주의적 생명관의 극치를 엿보게 된다.

이러한 이유로 우리나라에서는 뇌사자 장기 기증보다 생체 장기 기증 비율이 훨씬 높은데, 이 때 고려해야할 중요한 요소가 이득benefit과

위험risk 사이의 비교 판단이다. 불행히도 장기를 이식한들 얼마 살지 못할 병이거나 아예 그런 대수술 자체가 위험할 정도로 몸 상태가 안 좋은 경우도 많다. 그럴 때는 무리하게 이식 수술을 강행하면 안 된다. 요컨대, 수술로 인한 이득이 분명히 예상될 때에만 장기 이식을 시도하는 것이 기증자에게도 보람된 일이다. 그러나 위험보다 이득이 크다고 판단하여 이식 수술을 결정했다고 해도, 여전히 문제는 남아 있다. 기증자의 동의 여부가 충분한 설명과 정보에 입각해서 자발적으로 이루어진 것인가, 하는 점이다. 환자와 혈족관계에 있든 아니든 상관없이, 기증자가 장기를 제공하려는 결단에는 조작이나 속임이나 강제나 협박 등이 개입되어서는 안 된다.

그렇다면 '동의'에 제약이 있는 사람들은 어떤가? 미성년자, 정신질환자, 수감자 등은 합리적이고 성숙하며 자율적인 판단을 하기 어려운 입장에 있다. 특히 우리나라처럼 가족주의 문화가 팽배한 환경에서는 미성년 자녀의 동의가 진정한 의미의 자율권 행사이기 어려운 측면이 있다. 바리데기 설화에서부터 효녀 심청 이야기까지 여러 버전으로 효행을 부추기는 문화적 장치가 즐비한 상황에서 병든 부모의 형편을 나 몰라라 할 만큼 강심장을 갖기가 어디 쉬운가? 여기서 미성년자라 함은 (다른 법 조항에서 통상 18세를 기준으로 하는 것과 달리) 16세 미만을 말한다. 우리나라의 "장기 등 이식에 관한 법률"은 본인과 부모의 동의가 있으면 16세 미만의 미성년자라도 골수 적출이 가능하고, 16세 이상의 미성년자는 장기 적출도 가능하다고 되어 있다. 어떻게 보면 노골적으로 미성년자의 인권 침해를 방조하는 규정처럼 보인다. 여기서도 가족주의적 생명관이 맹위를 떨치고 있다.

사실 장기 이식 하니까 당장에 1970년대 추억의 외화 〈육백만불의 사나이〉와 〈소머즈〉가 떠오른다. 무슨 사고를 당해 눈이든 귀든 심장이든 웬만한 신체 부위를 다 기계로 갈아 끼운 두 남녀의 활약이 대단한 드라마였다. 이런 종류의 장기 이식이라면 '인공 장기 이식'artificial organs transplant에 해당할 것이다. 스테인레스 강철이나 플라스틱, 티타늄, 실리콘 등의 소재를 이용해 인공적으로 만든 장기를 이식하는 방법 말이다. 인간 이외의 동물에게서 장기를 제공받는 '이종 이식'xenograft을 바탕으로 한 코미디 영화 〈에니멀〉이나 공포 영화 〈디 아이〉2002, 멜로 영화 〈리턴 투 미〉2000 등, 장기 이식을 둘러싼 여러 가지 상상력을 다양한 장르로 변주한 영화들이 꽤 있는데, 스토리가 너무 비현실적이고 황당해서 제외시켰다.

그런 중에 찾게 된 〈마빈의 방〉은 장기 이식을 소재로 하여 가족 간의 화해와 치유를 현실감 있게 그린 보기 드문 수작이다. 원래는 1991년 뉴욕 브로드웨이에서 상연된 연극으로, 당시 뉴욕 타임즈가 "올해 가장 재치 있고 감동적일 뿐만 아니라 가장 유쾌한 연극"이라고 극찬한 작품이다. 극작가 스콧트 맥퍼슨은 가족을 위해 스스로를 희생했던 어머니에게서 영감을 얻어 이 작품을 쓰게 되었다는데, 자기도 에이즈에 걸린 애인을 돌보다가, 1992년 에이즈로 사망했다. 주연 여배우 다이안 키튼에게 1997년 아카데미 여우주연상 지명의 영광을, 그리고 제20회 모스크바 영화제 대상인 '세인트 조지 황금상' 수상의 기쁨을 안겨 준 작품이다.

이제 우리도 〈마빈의 방〉으로 들어가 보자. 그 방에서는 과연 무슨 일이 벌어지고 있을까?

누구에게나 있는 '가족'이라는 이름의 생채기

베시(다이안 키튼 역)는 백혈병으로 돌아가신 어머니를 대신해 20년째 아버지의 병 수발을 하는 효녀다. 침대에만 누워 계신 아버지의 식사를 챙기고, 매 시간마다 각기 다른 종류의 약을 먹이고, 대소변을 받아내는 모든 일들이 베시의 몫이다. 한 집에 모시고 사는 고모 역시 선천적으로 등에 고질적인 통증이 있었는데, 뇌에다가 무슨 전기선인가를 심는 수술을 통해 그런대로 기적처럼 살고 계신 처지다. 이렇게 병약한 두 노인을 모시고 살면서도 베시의 낯빛은 항상 밝다. 말도 제대로 못하고 아이처럼 놀아달라고 보채기만 하는 철부지 아버지와 티브이 드라마에 몰두함으로써 고통스런 현실로부터 도피하려고만 하는 겁쟁이 고모, 이 대책 없는 노인들에게 베시는 든든한 가장이다.

그런 베시가 동네 병원을 찾았다. 요즘 자주 피곤한 게 비타민 결핍이 아닌가 싶어서이다. 어딘가 엉성해 보이는 닥터 월리(로버트 드니로 역)는 혈액검사를 해보자고 한다. 단순한 빈혈 검사치고는 뽑는 피의 양이 많아 불길한 생각이 들었다. 집에 돌아오니, 고모는 티브이 드라마를 보느라고 아버지 약 주는 것도 잊었다. 어떻게 그걸 까먹을 수 있냐고 잠시 짜증을 내보지만, 고모가 왜 그런지를 아는 이상, 오히려 고모를 다독거릴 수밖에 없다. 사실 고모는 조카인 베시가 외출한 사이에 자기 오빠가 죽을까봐 겁이 나서 그 방을 들어가지 도 못하는 것이었다.

한편, 베시의 동생 리(메릴 스트립 역)는 아버지가 쓰러지자마자 집을 떠나 카레이서와 결혼해서 두 아들을 낳고 산다. 남편이 집을 나간 이후로 졸지에 가장이 된 그는 지금 미용학원에 다니며 미용사가 될 꿈에 부풀어 있다. 그런 그에게 가장 큰 고민은 맏아들 행크(레오나르도 디카프리오 역)였다. 잘해보려고 해도 자꾸 엇나가는 아들 때문에 골치를 앓는 리는 어느 날 학원에서 미용수업을 받던 중에 경찰서로부터 걸려온 전화를 받는다. 행크가 방화범으로 체포되어 경찰서에 와 있다는 것이다. 행크는 아버지 얼굴 사진 한 장만 남긴 채 가족사진 전부를 태워버렸다. 그 불이 집 전체를 태우고 거리에까지 번진 것이다. 경찰서에서 엄마를 본 순간, 또다시 행크는 거칠게 반항한다. 사고뭉치인 아들 때문에 엄마는 돌아버릴 지경이다.

결국 행크는 미성년자임이 참작되어 실형을 사는 대신에 정신병원에 수감된다. 오갈 데 없는 신세가 된 리는 막내아들 찰리를 데리고 임시숙소를 알아보러 인근 수녀원을 찾아간다. 친척이 없냐는 담당수녀의 질문에 리는 단호하게 없다고 말한다. 아무래도 그는 20년 전에 집을 떠나면서 가족과의 인연도 끊어버린 모양이다.

닥터 월리는 베시에게 비타민 결핍증이 아닌 것 같다며, 정확한 병명을 진단하기 위해 골수검사를 해보자고 한다. 아무래도 심각한 병인 것 같다. 역시 불길한 예상대로, 의사는 백혈병 가능성을 슬쩍 내비친다. 만약 그렇다면 어떻게 해야 하나? 가족 중에 기증자를 찾아 골수이식을 받는 방법이 있다. 베시는 가족이라곤 늙고 병든 아버지와 고모뿐인데 어떻게 그 방법을 쓰냐며 걱정스럽게 말한다. 다른 가족은 없냐는 의사의 질문에 그제서야 생각난 듯 "아, 네……, 있지요.…… 이름이 리예요." 한다. 도대체 이 자매에게는 무슨 일이 있었던 것일까?

수녀원에서 수녀들과 한창 수다를 떨고 있던 리는 전화 한 통을 받는다. 닥터 윌리가 수소문 끝에 리의 행방을 찾아내어 베시와 연결해준 것이다. 자매는 하도 오랜만이라 서로 낯설어한다. 그래도 백혈병에 걸린 베시의 형편을 알게 된 리는 언니를 살리기 위해 골수이식 적합성 검사를 받기로 한다. 두 아이 모두 받게 할 참이다. 이 일로 정신병원에 있던 행크는 일주일간 외출 허가를 얻었다. 엄마가 사정을 설명하자 행크는 우리한테도 이모가 있었냐고 되묻는다. 태어나서 한 번도 본적이 없는 이모에게 골수이식을 해주어야 할지도 모른다니, 그렇지 않아도 가족에 대한 반감으로 똘똘 뭉친 행크는 불쾌하기 짝이 없다. 따라가기는 하겠지만 절대로 골수이식 동의서에 서명하지는 않겠다고 선언한다. 꼬여도 많이 꼬인 전형적인 반항아다.

입원해 있는 베시는 침대에 누워서도 노상 아버지 걱정이다. 고모를 통해 들으니, 아버지는 딸의 입원 사실도 모른 채, 잠시 외출한 줄로만 안다는 것이다. 오빠가 어찌 될까봐 도저히 사실대로 말하지 못하겠다고 울먹이는 고모를 오히려 위로하며 다독여주는 베시에게서 위대한 모성애가 느껴진다. 독한 항암 치료로 머리카락이 다 빠질 만큼 본인의 몸 상태도 좋지 않은데, 자기는 언제나 뒷전이고 남을 먼저 헤아린다. 아버지와 고모의 병 수발에 정신적으로 많이 지칠 만도 하건만, 단 한 번도 힘든 내색을 하지 않는 그는 영락없이 '천사표' 팔이다.

이와 대조적으로 리는 가족 부양의 책임을 온전히 언니한테 떠맡긴 채로 자기 행복을 찾아 떠난 밉둥이다. 그는 아버지가 언니를 편애한다고 믿었다. 물론 지금도 아버지의 기억 속에는 순전히 언니만 있을 거라고 믿는다. 그러니까 늙고 병든 아버지를 돌보는 일은 언니 책임이라는 식이다. 깊은 속내로야 언니가 결혼도 하지 않은 채 집구석에 파묻혀 두 노인을 부양하며 젊은 세월 다 보낸 것이 미안하고 고맙다. 하지만 그건 그거고, 언니가 한 번도 자기 사는 형편을 들여다보지 않은 것은 못내 섭섭한 일이다. 이런저런 앙금이 쌓여 있던 터에 가족의 연을 빌어 골수 기증을 해달라는 언니가 한편으론 불쌍하면서 다른 한편으론 위선자처럼 여겨진다. 혈연의 도리상 이번만큼은 돕겠지만, 더 이상 관계 맺고 싶지 않다고 다짐하는 리는 얼른 이 일을 마치고 다시 자기의 생활터전이 있는 오하이오로 돌아갈 궁리만 한다.

마침내 집에 들어선 리는 촌스런 가발을 쓴 언니와 마주친다. 애써 아무렇지 않은 듯 포옹하지만, 말 속에 뼈가 들어있는 자매의 대화는 듣는 이마저 긴장하게 만든다. 20년 세월은 언니에게서 청춘을, 아버지에게서 건강을 빼앗아 갔다. 기억과 의식마저도 어린아이 수준으로 퇴행해 있는, 산 송장이나 다름없이 노쇠한 아버지 모습은 보는 것만으로도

리의 숨통을 틀어막는다.

그날 밤, 행크는 할아버지 방에서 이것저것 살피다가 연장통 하나를 찾아 들고 밖으로 나간다. 달빛 아래서 보니 연장들이 꽤 쓸 하다. 정신병원에 수감되어 있으면서 자동차 정비 수업을 받고 있던 중이라 행크는 특히 연장에 관심이 많다. 뒤따라 나온 베시 이모가 마음에 들면 가지라고 한다. 하지만 그는 이모의 호의를 거절한 채 딴 소리만 해댄다. 이모도 겉으로는 천사인 척 하지만 속으로는 할아버지가 돌아가시길 바라고 있는 거 아니냐는 거다. 그러면서 자기 자신에 대해서도 쓸데없이 없는 말들을 지어내며 떠벌인다. 그의 이런 태도는, 가깝게는 3주 후면 18세가 되어 성인병동으로 옮겨질 것에 대한 두려움과 멀게는 아버지의 부재로 인한 콤플렉스, 그리고 아버지가 집을 나간 건 엄마 때문이라는 적개심 등이 하나로 합쳐져 생긴 상처의 표현들이다.

행크는 자기가 아직 골수이식 적합성 검사를 받을지 말지 결정하지 않았다며 이모 눈치를 살핀다. 사람들이 잘해줄 때는 뭔가 이유가 있기 때문이라며, 이모가 자기를 보자고 한 것도 뭔가 바라는 게 있어서 그런 거 아니냐고 따진다. 그런 행크에게 이모는 정색을 한 채 되묻는다. “넌 내가 득이 있어서 여기서 20년을 보낸 줄 아니?” 하지만 이 말에 물러설 행크가 아니다. 이득이 없으면 왜 그런 고생을 사서 했겠느냐는 것이다. 아니면 숨어 살고 싶었거나 남자를 만나지 못해 이러고 살거나, 아무튼 할아버지와 고모할머니를 요양원에 보내지 않은 건 이모의 필요 때문이라고 박박 우기는 행크에게 이모는 네 엄마라도 요양원에 보내지 않았을 거라고 반박한다. 이런 이모의 말은 행크에게 저항의 빌미만 제공하는 것이다. 행크는 엄마가 자기밖에 모르는 사람이라 당연히 요양원에 보냈을 것이라고 생각하며 돌아선다. 어쩌다가 어린 나이에 저리 인성이 왜곡되었을까, 측은한 생각이 드는 이모는 그 밤에 행크가 누운 침대 곁에 연장통을 가져다 놓으며, "네가 어떻게 결정하든 난 널 사랑해."라고 속삭인다.

행크는 연장들을 이용해서 고장난 차고 문을 솜씨 좋게 고쳐 놓는다. 고모할머니의 전기 치료 기계가 오작동을 일으킬 때마다 덩달아 열리곤 하던 차고 문이었다. 마침 차를 몰고 나가려던 이모가 행크더러 운전해보라고 한다. "운전 솜씨를 타고 났구나", 칭찬하는 이모의 말에 신이 난 행크는 이모와 함께 바닷가 드라이브를 하고 돌아온다. 행크의 얼굴에 웃음꽃이 핀 건 이때가 처음이다. 매일 야단만 치고 결함만 지적하는 엄마와 달리 자기를 인정해주는 이모가 점점 좋아진다.

아픈 만큼 성숙해 진다

집에 돌아온 두 사람에게 리가 걱정스런 표정으로 말한다. 골수가 베시의 것과 맞지 않아 이식 부적합 판정이 나서, 이번에는 아이들을 검사해 봐야 한다고 병원에서 연락이 온 것이다. 행크는 아직 결정하지 않았다며 자리를 피한다. 베시의 표정이 어둡다.

리는 병원을 찾아가 닥터 월리에게, 아이들마저도 골수가 일치하지 않으면 언니는 어찌 되느냐고 묻는다. 의사는 화학요법에 의지해서 살아야 하는데, 수명을 장담하기는 어렵다고 한다. 면역력이 떨어지면서 합병증이 일어나 호흡기 장애가 생길 수도 있고, 점점 무기력해져서 병상에 누워서만 지내게 된다. 그렇게 되면 간호사를 써야 하지 않겠냐고, 아버지와 고모에다가 언니까지 돌봐야 하니 혼자서는 힘들지 않겠냐고 반문하는 의사에게 리는 손사레를 치며 펄쩍 뛴다. 자기가 왜 그런 책임을 떠맡느냐는 것이다.

리는 베시를 설득해 요양원을 알아본다. 자기는 금방 아이들을 데리고 떠날 거니까, 아버지와 고모를 우선 요양원에 넣자는 것이다. 요양원을 일단 둘러보기는 했지만, 도저히 그렇게 할 수 없는 언니는 동생을 얼러 본다. 집이고 뭐고 다 줄 테니, 여기 와서 살라는 것이다. 그럴 수 없다며 당장 떠나겠다는 동생에게 언니는 급기야 내가 20년이나 한 일인데 너는 왜 잠시도 못하냐고 화를 낸다. 드디어 폭발한 베시는 가슴에 쌓아둔 말을 퍼붓고 말았다. 그런 언니의 말에 베시도 심기가 상했다. 그러는 언니는 내가 혼자서 애들 둘 키우며 힘들게 사는 동안 어떻게 한 번도 안부 전화 한 통 안할 수 있냐며 서운함을 드러낸다. 각자 마음 속 깊이 곪아있던 상처가 적나라하게 드러나는 순간이다.

그 와중에 웬일로 심경의 변화를 일으킨 행크는 찰리의 뒤를 이어 골수이식을 위한 검사를 받겠다고 한다. 진심으로 고마워하는 이모에게 자기 속내를 털어놓는 행크는 엄마가 생각하는 것처럼 그렇게 문제아가 아니었다. 일부러 거칠게 말하고 반항을 일삼는 것은 여리고 착한 자아의 방어본능이었던 셈이다. 리는 언니가 행크를 잘 다루는 비법이 궁금하다.

그리고 이즈음에서 자매는 화해하게 된다. 여태까지 서로에 대한 몰이해 속에 각자 다른 삶을 살았던 자매는 이제 오랜 세월의 강을 뛰어넘어 서로를 이해하기 시작한다. 그러니까 행크의 변화는 어쩌면 이 가족의 깊은 상처가 서서히 치유되고 있다는 신호탄인지도 모른다.

리는 괜스레 언니에게 자기의 화장품 가방을 펼쳐 보이며 수다를 떤다. 그러다가 짓궂게 첫사랑 이야기를 해달라고 조른다. 일찍부터 가장 노릇을 해야 했던 순둥이 언니에게도 설마 로맨스가 있으랴 싶어 물어본 것인데, 베시는 의외로 진지하다. 상대는 여름에만 이곳에 왔었던 유랑 극단의 차를 운전하던 남자란다. 웃을 때 입은 벌리는데 아무 소리 안 나게 웃던 남자였다. 하루는 그 남자 가족과 친구들 모두 강으로 피크닉을 갔었다. 여자 친구에게 잘 보이려고 했는지 강으로 뛰어들어 멋지게 수영하던 그는 트레이드 마크인 원숭이 표정을 지어 보였다. 그 모습이 하도 웃겨서 아이들도 따라 웃고 난리가 났다. 그 남자는 잠수했다 튀어올랐다를 반복하며 더 크게 웃었다. 더 크게, 점점 더 크게……. 그러다가 끝내 나오지 않았다. 익사하고 만 것이다. 웃는 표정과 숨찬 표정이 똑같았던 그는 강가에 서서 자기를 구경하는 사람들을 보며 그렇게 죽어갔다.

언니에게 그런 아픔이 있었는지 상상조차 하지 못했던 리는 괜스레 미안해진다. 둘이 얼마나 사이가 안 좋았으면 언니가 자기에게 이런 큰 비밀을 털어놓지 못했을까, 생각할수록 마음이 짠해온다. 게다가 그 후로 줄곧 아버지와 고모를 돌본답시고 죽어라 고생하다가 백혈병에 걸린 언니가 바로 그 남자의 경우와 똑같은 것만 같아서 측은함과 죄의식이 동시에 몰려든다. 20년을 한결같이 웃는 표정으로 살아온 언니의 얼굴 아래도 숨찬 표정이 숨어있지 않았을까?

리는 분위기 전환 겸 언니의 가발을 손질해주겠다며 부산을 떤다. 가발을 벗은 언니는 듬성듬성한 대머리를 쑥스럽게 감춘다. 그 모습에 눈물이 와락 쏟아질 것 같은 리는 몰래 울음을 삼킨 채 늦은 밤까지 정성스레 가발을 매만진다. 마치 자기가 해줄 수 있는 최대한의 선물을 준비하듯이.

다음 날 아침, 산뜻하게 다듬어진 가발을 쓰고 나타난 베시에게 가족들은 환호성으로 답한다. 고모할머니까지 모시고 온 식구가 디즈니랜드 여행에 나선다. 장마 때 반짝 나타난 햇살처럼, 고단한 삶 속에 잠시 깃든 행복이 마냥 고맙기만 하다. 그새 고모할머니랑 친해진 찰리는 할머니의 드라마 생중계 덕에 줄거리를 줄줄 꿸 정도가 되었다. 둘은 그야말로 단짝동무처럼 붙어 다닌다. 이제 리와 행크 사이의 묵은 상처만 해결되면 될 일이다. 하지만 행크는 엄마를 쉬이 용서하지 않는다. 아빠를 집밖으로 몰아낸 게 엄마라고 믿기 때문이다. 행크의 기억 속에서 아빠는 잘 생기고 자상하고 멋진 카레이서다. 그런 자랑스런 아빠를 자기에게서 빼앗아버린 엄마가 미워 죽겠는 거다. 이런 행크의 마음을 아는 엄마는 마침내 오랜 세월 묻어둔 진실을 꺼낸다. 아빠는 그리 좋은 사람이 아니었다는 것, 자기의 분노를 어린 행크에 대한 폭력으로밖에 해소할 줄 몰랐던 어리석은 사람이었다는 것이다.

그 밤에 행크는 이모에게 보내는 쪽지 한 장을 써놓고 도망친다. 언젠가 이모에게 말한 대로 어디 멀리 도망가서 혼자 자유롭게 살아볼 요량이다. 아침에 쪽지를 먼저 발견한 엄마는 당혹감에 어쩔 줄 몰라 하면서도 베시가 알면 실망할까봐 얼른 그 쪽지를 감춘다. 곧 있으면 검사 결과가 나올 텐데, 행크가 떠난 걸 알면 베시의 좌절감이 얼마나 클 것인가?

그 날은 마침 고모가 좋아하는 티브이 드라마가 끝나는 날이다. 주인공들이 우여곡절 끝에 결혼하는 장면이 나올 예정이다. 그 기념으로 찰리는 엄마의 화장도구들을 가져다가 고모할머니를 예쁘게 단장시킨다. 마치 드라마의 주인공이라도 된 양 드레스에 왕관까지 쓰고 곱게 화장한 얼굴로 돌아다니는 고모의 들뜬 표정이 꼭 아이같다.

그렇게 어수선한 통에 병원에서 전화가 걸려온다. 아이들의 골수 검사 결과가 나왔는데 역시 이식 부적합으로 판명났다는 것이다. 마지막 희망이 무너졌다. 예상했던 일이지만 마음을 다스리기가 쉽지 않다. 잠시 허둥대던 베시는 자기 대신 통곡하는 리를 위로하며 말한다.

> 난 참 복 받은 사람이야. 아버지와 고모를 모셨다는 게……. 그런 사랑이 있었다는 게 ……. 돌아보면 참 큰 사랑이었어.

베시가 말하는 '그런 사랑'은 자기 안에서 흘러나온 고유한 사랑을 말한다. 아버지와 고모의 사랑을 받았다는 뜻이 아니라, 자기가 그분들을 사랑했다는 뜻이다. 자기 안에 그토록 큰 사랑이 있었는지 몰랐다는 그의 말은 비슷한 처지에 있는 다른 사람들에게도 큰 교훈이 될 터이다. 베시는 누군가를 진심으로 사랑할 수 있었다는 게 감사하다고 말한다. 하지만 그동안 사랑받는 일에만 연연해서 매사에 불평과 불만을 일삼았던 리는 이런 베시의 말을 이해하기가 어렵다. 이제 자기가 사랑할 차례인데, 자기 안에 과연 베시만큼 큰 사랑이 있을지 모르겠다. 아들 행크마저도 도망친 마당에 자기라고 여기 남을 이유가 뭐란 말인가? 부엌을 잠시 둘러봐도 숨이 콱 막혀온다. 아버지와 고모와 언니가 먹는 수많은 약들과 주사바늘들, 냉장고에 붙어있는 비상연락망 등, 이 모든 상황을 감당할 자신이 없다.

리는 거의 이성을 잃은 사람처럼 짐을 싼다. 20년 전에 이 집을 나갈 때도 그런 마음이었을 것이다. 바로 그 때, 언제 돌아왔는지 행크가 방문에 기대어 서서 어디 가느냐고 묻는다. 깜짝 놀란 리는 챙기던 가방을 침대 밑에 밀어놓고는 부엌에 간다고 둘러댄다. 밖에 나갈 거면 말을 하고 가라고 잔소리를 하는 엄마지만, 그 말투 속에는 비난 대신에 진심어린 염려가 묻어난다. 그런 엄마의 마음을 아는지 행크는 미안하다고 말한다.

부엌에 간 리는 돌아가신 어머니의 사진을 물끄러미 들여다본다. 그리고는 언니가 시간대별로 잘 정리해둔 아버지의 약들을 바라본다. 쟁반에 아버지가 좋아하는 주스와 스프, 그리고 드셔야할 약을 살뜰하게 챙겨들고 아버지 방으로 들어간 리의 눈에 거울놀이를 하고 있는 베시와 아버지가 들어온다. 아버지는 벽과 천정에 일렁이는 빛의 춤에 매료되어 천진난만한 미소를 짓고 있다. 리와 행크의 얼굴에도 잔잔한 사랑의 미소가 번진다.

시장이냐 기증이냐

영화 제목은 〈마빈의 방〉인데, 영화 내내 '마빈'이란 이름이 안 나오는 게 이상했다. 뭘 놓쳤나 생각해 보다가, 뒤늦게 떠오른 것이 아버지이다. 의사표시래야 고개를 끄덕이거나 손을 내젓거나 어버버 소리를 하는 게 고작인, 딸도 못 알아보고, 가장으로서의 역할은커녕 오히려 돌봐드려야 하는 아버지, 그가 마빈이다. 혼자서는 아무것도 하지 못하는, 가끔씩 침대보를 적시는 실수를 해서 딸을 당황하게 만드는 그가 놀랍게도 가장 큰 일을 해낸다. 바로 사랑과 치유다. 그는 병약한 여동생에게 삶의 의지와 용기를 주는 든든한 버팀목이 되고 있다. 딸들에게는 각자 내면에 잠재해 있던 사랑의 능력을 끄집어내고, 오랜 세월 반목해 있던 자매를 하나로 묶는 구심점이 된다. 손자 행크에게 다시 꿈꿀 수 있는 희망을 주고, 어린 찰리에게 남을 배려할 줄 아는 마음을 준다. 가만히 누워 있기만 하는 것 같으나, 사실상 진짜 주인공은 그다. '마빈의 방'은 죽을 날만 기다리는 무력한 환자의 방이 아니라, 상처 입은 가족들이 나음을 입고 서로를 보듬는 생명의 산실인 것이다.

따로 따로 흩어져서 다시는 얼굴 볼 일이 없을 것처럼 각자 인생을 살던 가족을 마빈의 방으로 불러 모은 근거는 장기(골수) 이식이다. 영화에서 행크와 찰리, 두 미성년 자녀의 엄마인 리는 반강제적으로 아이들을 골수 검사에 투입시킨다. 찰리는 '착한 일인 것 같아서' 동의했다고 하지만, 아직 초등학교 저학년 티가 풀풀 나는 어린아이라 엄마의 압력 혹은 조작에 굴복했을 확률이 높다. 반면에 행크는 엄마와 기싸움하는 과정에서 반동적으로 행동하느라 동의하지 않았지만, 마침내 동의할 때에도 이모와의 정 때문이지 의사의 상세한 설명이 주어진 것 같지는 않다. 그런 점에서 골수 기증 동의서를 작성한 두 미성년자의 '동의'를 충분한 설명에 근거한 합리적이고 자발적인 판단이라 말하기는 어려울 것 같다. 지독하리만치 철저하게 '개인' 의식이 발달해 있고 '개인의 자유'가 그 무엇보다 귀중한 천부인권으로 인정되는 미국 사회에서도 그런데, 하물며 우리나라에서는 어떨까?

우리나라의 '장기 등 이식에 관한 법률'을 보면, 16세 미만의 미성년자는 골수를 제외한 장기를 기증할 수 없도록 되어 있으며, 16세 이상이라도 20세 미만이면 배우자, 직계 존·비속, 형제자매, 사촌 이내의 친족에게만 장기를 기증할 수 있게 해두었다. 이러한 제한은 장기매매의 가능성을 차단하기 위한 것이다. 그런데 기껏해야 중학생 정도의 연령층에서 부모나 형제자매, 아니면 삼촌이나 이모, 고모 등이 장기 이식을 받지 않으면 생명이 위독하다면 장기 기증 동의서에 서명할 수밖에 없을 것이다. 뺀질뺀질하게 동의서를 작성하지 않는 행크가 미워 보이는 것은 개인주의보다도 가족주의(혹은 집단주의나 국가주의)에 더욱 비중을 두는 우리 자신의 윤리관의 반영일 것이다.

물론 가족을 위해 자신의 소중한 장기를 나누어 주는 일은 분명히 아름다운 미덕이고 선행이다. 부부간 장기 이식이 여의치 않아 몇 쌍의 부부끼리 '릴레이'로 장기를 주고받는 모습은 볼 때마다 눈시울이 붉어질 정도로 감동적이다. 하지만 집단으로서의 가족과 개인으로서의 나의 생명을 뭉뚱그려 하나로 간주하는 사고방식이 반드시 긍정적이라고만 볼 수 없는 경우가 있다. 예컨대, 동반자살 같은 것 말이다. 자살을 결심한 아버지 혹은 어머니가 부모 없이 살아갈 아이들의 미래를 염려하여 자식을 먼저 죽이고 자기 목숨을 끊는 일이 유독 많은 게 한국 사회다. 이것은 자식의 생명을 독립된 개인의 것으로 생각하지 않고, 자기 자신과 연장선상에서 가족 단위에 복속시켜 생각하는 집단주의적 사고의 전형으로, 부정적 온정주의negative paternalism의 표현이라 할 것이다.

영화에서 닥터 윌리는 만약에 가족 중에서 골수 기증자를 찾지 못하면 어떻게 되느냐는 질문에 화학요법을 거론한다. 의사들이야 공식적으로 그렇게 말하는 것이 정석이라 쳐도, 환자 입장에서는 현실적으로 받아들이기 어렵다. 그래서 중간에 다른 가능성을 타진해보게 된다. 바로 장기 매매다. 미국에서는 장기 매매를 합법화하자는 의견이 계속해서 제기되고 있으며, 우리나라도 중국 등 가난한 나라로 '원정 수술'을 떠나는 환자들이 늘고 있는 실정이다. 제1세계가 주요 소비자인 장기 매매 시장은 음지에서 점점 더 그 외연을 넓혀가고 있다. 정말 그 방법밖에 없는 것일까? 살고 싶은 환자(구매자)의 요구와 장기를 팔아서라도 생계를 이을 수밖에 없는 가난한 사람의 요구가 서로 맞아 떨어지는 곳에서 시장 원리가 작동한다는 데 반대할 이유가 뭐란 말인가?

인간의 몸(의 일부)을 상품화하는 것은 인간 존엄성을 침해하는 일이라는 원론적인 이야기를 자꾸 해봐야 별로 설득력이 없을 것이다. 하지만 장기 매매를 합법화하면 그 피해는 고스란히 사회적 약자의 몫일 것이라는 예상은 너무나 뻔하다. 장기 수요와 공급의 문제를 시장에만 맡기면 장기의 가격 상승을 불러 일으켜, 결국에는 극심한 의료 양극화가 초래될 터인데, 이런 사회는 결코 모두에게 이로운 사회가 아니다.

사회는 점점 발전한다는데, 사람들의 행복지수는 그와 반비례하는 것 같다. 노동 강도는 늘어나고 스트레스도 심해진다. 국적 불명의 먹거리에 포섭당한 육체는 암 같이 무서운 질병의 위협 앞에 노출된 지 오래다. 해마다 장기 이식의 수요가 증가하는 데는 장기를 망가뜨릴 수밖에 없는 우리네 삶의 방식이 한 몫을 담당할 것이다. 그러니 미리미리 진단해서 조기에 예방하는 수밖에 없다. 인공장기나 이종장기 등 기술적 발전이 어느 정도 도움은 될 수 있겠지만, 그 역시도 시장원리에 종속될 확률이 큰 이상, 스스로 조심해서 건강하게 사는 것이 최선의 대안일 것이다. 이에 덧붙여 장기 기증을 결심한 사람(살아 있는 사람이든 뇌사자든)의 순수하고 고귀한 뜻이 보람되게 잘 전달될 수 있도록 효율적인 장기 배분 시스템을 갖추는 것도 성숙한 사회의 토대라고 본다.

생명윤리는 궁극적으로 생명에 대한 감수성과 공동체 의식을 훈련하는 현장이 아닌가 생각한다. 인간으로서 다른 생명체를 소유와 지배의 대상이 아닌 나눔과 돌봄의 대상으로 볼 수 있는 안목을 키우는 것, 그것이 생명윤리의 언제나 긴요한 바탕이 아닐까?

9

콘스탄트 가드너
The Constant Gardener

주제 : 인체실험

_ 2005 | 미국, 영국 | 드라마, 스릴러 | 15세 | 129분

_ 감독 : 페르난도 메이렐레스 (Fernando Meirelles)

_ 출연 : 랠프 파인즈(Ralph Fiennes)
레이첼 와이스(Rachel Weisz)

인체시장으로 전락한 아프리카

〈잉글리쉬 페이션트〉1996에서 '영국인 환자'요 학자로 인상 깊은 연기를 펼친 랄프 파인즈와 〈미이라〉1999에서 겁 없이 좌충우돌하는 미모의 이집트 학자로 열연한 레이첼 와이스가 서로 만났다. 게다가 감독은 〈시티 오브 갓〉2002에서 브라질의 잔인한 도시 뒷골목 풍경을 제대로 잡아낸 페르난도 메이렐레스이다. 이 정도 조합이면 가히 '대작'일 것이라는 짐작이 간다.

〈콘스탄트 가드너〉는 과연 제작진과 관객의 기대를 저버리지 않고 대작의 기품을 마음껏 뽐낸다. 진지한 주제를 다루는데도 전혀 지루하거나 식상하지가 않다. 감동과 교훈이라는 두 마리 토끼를 잡는다는 게 그리 쉽지는 않을 텐데, 이 영화는 잘도 해낸다. 스케일이 커서 볼거리가 많은 것도 그렇지만, 시나리오 면에서 멜로와 스릴러를 적당하게 버무린 것이 그야말로 예술이다. 공포영화도 아닌 것이, 보면 볼수록 등줄기를 서늘하게 만드는 것도 이 영화의 매력이다. 왜냐하면 다루는 주제가 인체실험이기 때문이다.

〈선택〉이 미국이라는 지리적 한계 안에서 벌어지는 인체실험의 비윤리성을 꼬집는다면, 〈콘스탄트 가드너〉는 지구화 시대에 국경을 초월하여 시장을 만들고 확대해가는 다국적 제약회사의 횡포를 그린다. 부패한 정부 권력과 손잡고 에이즈 치료약을 무상 공급한다는 명목 하에 가난한 아프리카인들을 대상으로 은밀히 인체실험을 하는 그들, '자선'과 '시혜'라는 고상한 포장지 아래 추악한 탐욕과 이기심을 감추고 있는 그들에게 아프리카는 다만 '인체시장'일 뿐이다.

시나리오의 바탕이 된 원작소설의 작가 존 르 카레는 인도 출신의 여류 저널리스트 소니아 샤의 『몸 사냥꾼』을 추천하는 글에서 이렇게 적고 있다.

> 이 책은 저자와 출판자의 용기가 맺은 결실이다. 내가 『콘스탄트 가드너』를 쓴 이래로, 세계에서 가장 돈벌이가 되는 산업인 제약 업계의 어두운 베일을 벗기기로 결심한 탐사적 작가들이 내게 많은 접촉을 시도했고 심지어 완성된 원고를 보내기도 했다. …… 그러나 내가 아는 한 지금까지 그 저자들 가운데 누구도 자신의 프로젝트를 실현시키지 않았다. 몇 달 후 작가에게 왜 그랬는지 진지하게 물어보면, 어떤 식으로 에둘러 표현하든 대답은 항상 같았다. 너무 위험하다는 것이었다. 우리 모두의 삶과 가장 밀접하고 우리가 서로에 대해 느끼는 관심과 책임과 가장 밀접한 주제가 '너무 위험해서' 공론화할 수 없는 것은, 기업의 무제한적 권력을 여실히 보여주는 사례라 하겠다.

그렇다. 진실을 안다는 것, 그리고 자기가 아는 진실을 말한다는 것은 사실상 위험을 수반하는 일이다. 리바이어던으로 군림하는 기업을 통제할 대항세력이 하나도 없는 시대에 우리는 이미 접어들었다. 정부나 언론이 기업을 제어하기를 바라는 건 너무나 순진한 발상이어서 차라리 망상에 가깝다. 모두가 서로 이익을 나누어 먹으며 한통속이 되어 편리한 공생관계를 유지한다. 이러한 차에 자진하여 위험 속으로 뛰어들기란 마치 기름을 지고 불 속으로 달려드는 것과 같으니, 그를 기다리는 건 영광이 아니라 십자가뿐이겠다.

〈콘스탄트 가드너〉는 바로 그 십자가를 기꺼이 짊어진 연인들에 관한 이야기다. 그들을 십자가로 이끈 것은 사랑, 다른 무엇이 아니라 상대방을 위해 자기 몸을 제물로 내어주는 희생적인 사랑이었다. 그러므로 이 영화가 멜로를 기본 축으로 하는 것은 대단히 일리 있는 설정이다.

편의상의 결혼, 남은 건 죽은 자식 뿐

영화가 시작되면 두 백인 남녀 저스틴 퀘일(랄프 파인즈 역)과 그의 아내 테사 퀘일(레이첼 와이스 역)이 서로 작별하는 장면이 나온다. 테사는 지금 흑인 동료인 아놀드와 로키로 갈 예정이다. 여행 잘 하라며 다정히 손을 흔들고 집으로 돌아온 저스틴은 화분에 물을 뿌린다. 정성스레 가꾸는 식물만도 수십 종은 족히 되어 보이는 것으로 보아 그의 취미가 바로 원예인 것이 드러난다. 그러니까 영화 제목 〈콘스탄트 가드너〉는 정원가꾸기가 취미인 저스틴의 별명인 셈이다.

잠시 후 영국 고등판무관인 친구 샌디가 찾아온다. 우물쭈물하는 모양새가 안 좋은 소식을 전해주려는 낌새다. 의아해하는 저스틴에게 샌디가 어렵사리 입을 연다. 테사가 죽었다는 것. 그 차에 타고 있던 흑인 남자도 살해되었는데, 그 둘이 어떤 호텔에 함께 묵었다는 제보로 미루어, 테사와 아놀드는 불륜관계에 있었던 것으로 짐작이 간다는 것이다. 저스틴은 배신감과 허탈함에 몸을 떨지만 급작스런 불행이

낯설기만 하다. 아내가 내연남과 함께 죽다니, 도무지 믿기지가 않았다.

이 지점에서 영화는 저스틴의 과거로 타임머신을 타고 되돌아간다. 저스틴과 테사가 만나는 대목이다.

> 저스틴 : 외교란 주지하다시피 치안이 불안한 국가를 지날 때 가장 안전한 길을 제공하는 문명의 지도요, 이정표입니다.
>
> 테사 : 영국이 유엔을 무시하고 이라크를 침공한 건 누구 아이디어였나요? 슈퍼파워에 굴복하고 머리 조아리며 베트남전에 참전한 걸 외교라고 생각하시는지요?

테사는 인류가 유엔을 결성하는 데만 60년이 걸렸는데, 어째서 초강대국들이 유엔 위에 군림하며 자국의 이권을 노린 전쟁을 일삼는지 따지고 든다. 외무부 아프리카 담당관인 버나드 펠레그린 경을 대신하여 기자들 앞에서 브리핑을 하던 외교관 저스틴은 테사가 날린 강펀치가 불쾌하기도 하련만, 오히려 용감하고 저돌적인 이 여성 저널리스트에게 호감을 느낀다. 테사 역시 관료 특유의 고압적인 태도라고는 찾아볼 수 없는 섬세한 저스틴이 마음에 든다. 요컨대 둘은 첫 눈에 반한 것이다. 얼마 후 테사는 아프리카 케냐로 발령받은 저스틴을 찾아가 단도직입적으로 묻는다. "저랑 결혼하실래요?" 열정적이고 적극적인 테사의 성격을 단박에 알 수 있는 물음이다. 테사의 청혼에 저스틴은 잠시 머뭇거리지만, 이내 흔쾌히 받아들인다.

성 역할 고정관념에 들어맞지 않는 이 커플의 조화가 기막히게 환상적이다 싶은데, 주변 사람들 눈에는 꼭 그렇지만은 않은 모양이다. 때와 장소를 가리지 않고 바른 소리를 또박또박 해대는 테사를 눈엣가시처럼 여기는 사람들이 하나둘씩 생겨난다. 가령, 테사는 케냐 보건부 장관과 제약회사 '쓰리비즈'Three bees 대표, 외무부 장관 등 거물급 인사들이 모인 자리에서도 예의 독설을 주저 없이 내뱉는다. 최근 나이로비에 큰 병원을 개원한 흑인 병원장에게는, 에이즈 치료약을 제대로 공급받지 못한 엄마들이 많다는데 혹시 약이 리무진으로 둔갑한 것 아니냐며 비꼰다. 그런 테사를 보며 저스틴의 친구 샌디는 제발 아내 입단속 좀 하라고 조언할 정도다. 그럼에도 불구하고 저스틴은 테사에게서 그 점을 빼면 그건 테사가 아니라며 아내를 두둔한다.

테사는 국제사면위원회에서 활동할 만큼 인권에 관심이 많은 활동가다. 그런 그가 케냐에 왔으니 물 만난 고기처럼 얼굴에 생기가 도는 것은 당연하다. 흑인 의사 아놀드와 단짝처럼 붙어 다니며 순박한 아프리카 사람들과 스스럼없이 어울리는 모습이 꼭 제 집에 온 것 같다. 그러나 아프리카는 이미 기아와 에이즈로 만신창이가 된 상태였다. 케냐만 해도 인구 6명 가운데 1명이 에이즈 환자라는 거 아닌가? 만삭의 몸으로 빈민촌을 누비던 그는 어느 날, 이동병원차량 앞에서 에이즈 치료제 '네비라핀'을 얻으려고 길게 늘어선 줄을 보게 된다. 그런데 이상한 것은 그 중에 거절당하는 사람이 있다는 점이다. 왜 누구는 주고 누구는 안 주는 것일까? 그 기준이 무엇일까? 게다가 에이즈 검사를 하면 결핵검사는 '무료 서비스'란다. 저널리스트로서 테사의 왕성한 호기심이 이

의혹을 그냥 지나칠 리 없다. 제약회사가 공짜로 자비를 베풀 리 없어, 테사는 뒤를 캐보기로 결심한다.

백인들이 이용하는 시설 좋은 병원을 마다하고, 굳이 흑인 여자들이랑 똑같이 낙후한 산부인과 병원에서 아기를 낳겠다고 고집하던 테사는 결국 아들을 사산死産한다. 남의 산모가 낳은 아기에게 젖을 물리고 있는 아내를 바라보는 저스틴의 마음도 찢어질 것처럼 아프다. 저스틴이 잠시 자리를 비운 사이, 테사는 위문 온 샌디에게 알 수 없는 말을 한다. 이 아기의 엄마는 저쪽 침대에 누워 있는 완자 킬루루, 열다섯 살 흑인 산모인데, 곧 죽을 거다. 그러나 그 죽음은 단순한 사고나 자연사가 아니라 명백한 살해인 즉, 자기가 살해 증거를 찾을 테니, 그 때 가서 꼭 도와달라는 것이다.

퇴원해서 집에 가는 길에 차창 밖으로 열두 살 키오코 킬루루가 어머니로 보이는 여자와 걸어가는 게 보인다. 누이가 낳은 아기를 품에 안고 있다. 테사의 말대로 완자 킬루루는 출산 후 합병증으로 방금 죽었다. 저들 일행이 집까지 걸어가려면 40킬로미터를 밤새도록 쉬지 않고 걸어야 하리라. 테사가 차를 세우며 태워다 주자고 한다. 저스틴은 단호하게 거부한다. “저건 저들 인생이야. 수백만 명을 어떻게 다 도울 수 있어? 그건 구호단체나 할 일이야.” 그런 저스틴에게 테사는 절망적으로 소리친다. “그래, 하지만 지금은 세 명뿐이잖아. 그 세 명은 우리가 도울 수 있어,” 저스틴은 이런 테사가 새삼 멀게 느껴진다. 지금은 우리 자식이 죽은 것을 애도할 때이지, 남 신경 쓸 게재가 아니지 않은가?

테사의 의견을 무시하고 저스틴은 집으로 차를 돌린다. 차에서 점점 멀어져가는 키오코 일행을 물끄러미 보고 있는 테사의 표정은 어둡기 그지없다.

정원 손질을 마치고 현관에 들어서던 저스틴은 테사와 아놀드가 주고받는 이야기를 우연히 엿듣게 된다.

기막힌 노릇이지. 그저 편의상 결혼이랄까? 남은 거라곤 죽은 자식밖에 없어.

'편의상 결혼', '죽은 자식'……, 이런 단어들이 저스틴의 마음을 미처 헤집을 새도 없이, 자리에서 일어서던 테사가 그의 손에 든 살충제를 보고 벼락같이 화를 낸다. 사산의 후유증이려니, 넘어가려고 해도 저스틴은 아내의 돌발 행동이 영 미덥지 않다. 그런 저스틴에게 아내를 믿어야 한다고 아놀드가 말한다. 그렇게 서로 삐거덕거리던 중에 테사는 아놀드와 여행을 떠났고, 살해된 채로 발견되었다. 도대체 테사에게 무슨 일이 있었던 것일까? 테사는 진짜로 아놀드와 불륜관계였을까? 그렇다면 나는 뭐란 말인가? 테사에게 우리 결혼은 그저 '편의상 결혼'이었나? 남은 건 '죽은 자식'이고? 생각이 꼬리를 물고 이어진다.

티브이 뉴스에 테사 관련 소식이 흘러나온다. 단순 강도에 의한 살인이란다. 케냐 경찰도 그렇고, 영국 정보부도 그렇고, 서둘러 사건을 종결하려 한다는 인상을 지울 수가 없다. 언론은 테사를 '흑인 정부情夫와 놀아난 영국 외교관 부인'이라며 공공연히 매도한다. 그런데 어딘가 이상하다. 동승했던 흑인 남자의 신원은 아놀드가 아닌 것으로 드러났다. 집에는 경찰들이 들이닥쳐 테사의 디스켓이며 시디며 서류파일에 신문 스크랩까지 물건들을 죄다 회수해 간다. 이렇게까지 할 필요가 뭐란 말인가?

저스틴은 옷장 속 깊숙한 곳에 숨겨져 있던 박스 하나를 찾아낸다. 결혼사진이며 편지며 사적인 것들이 들어있던 보관함이다. 그 편지들 중에서 친구 샌디가 테사에게 보낸 러브레터를 발견한 저스틴은 분노한다. 도대체 뭐가 뭔지 모르겠다. 그 때 이상한 종잇조각 하나가 눈에 들어온다. '다이프랙사'라는 결핵치료제 이름이 박힌 종이인데, 뒷면에 완자 킬루루라는 이름이 적혀있다.

테사의 장례식장. 인부들은 테사의 관 위에 콘트리트를 덮으려고 한다. 시신이 도굴당하는 것을 막기 위한 여기 나름의 방편이라는 것이다. 완강히 거부하는 저스틴. 테사는 아프리카의 흙 아래 묻히길 원했다면서, 하객들을 돌려보낸다. 혼자 남은 그에게 한 흑인 소년이 다가와 카드랍시고 쓴 종이를 건넨다. 완자와 함께 편히 잠들라. 삐뚤빼뚤한 영어 글씨로 아무 종이에나 썼는데, 뒷면에 보니 '다이프랙사'라 적혀 있다. "키오코, 너 키오코 맞지? 언젠가 병원에서 봤던 키오코지?" 묻는 그에게 소년은 아무 대답 없이 서둘러 가버린다. 하기야 되돌아갈 길이 멀긴 할 것이다. 이 소년은 테사의 무덤 앞에 카드를 전해주기 위해 밤새도록 걸어왔을 테니까.

정원사에서 투사로

저스틴이 변화된 것은 이 지점이다. 여태까지 '충실한 정원사'로 원예에만 파묻혀 조용히 지내던 그가 돌연 적극적인 활동가로 변신하게 된다. 어쩌면 그에게 정원 일이란 복잡한 세상사에 신경 쓰고 싶지 않은 자기보호 수단이었을지도 모른다. 물만 주면 사는 식물들인데 그걸 못 돌봐서 죽게 하냐는 저스틴의 말에, 식물보다 사람한테 더 관심이 많아서라며 변명하던 테사였다. 저스틴은 그런 테사가 이제야말로 이해될 법 싶다. 알아본 바에 의하면, 테사의 단짝 동료 아놀드는 동성애자였다는 것이다. 테사는 남편의 사랑을 단 한 번도 의심한 적이 없었기에 굳이 아놀드의 성 정체에 관해서도 이야기할 필요조차 느끼지 않았다. 그런 줄도 모르고 테사와 아놀드를 의심한 자기 자신이 얼마나 졸렬한지, 저스틴은 새삼 아내의 죽음에 얽힌 의혹을 풀어야겠다고 결심한다.

첫 번째 단서는 완자 킬루루라는 여성이었다. 저스틴은 그가 출산한 병원을 찾아가 검시기록을 요구한다. 그런데 병원 측에서는 검시기록은 커녕, 환자기록도 없다는 것이다. 분명히 지구상에 존재 했던 한 인간이 완전히 증발해버렸다. 그렇다면 이번에는 키오코를 찾아야한다. 수소문 끝에 이동병원차량 앞에서 에이즈 치료약을 받으려고 서 있는 키오코를 찾는데, 그가 들고 있는 가족 의료보험 카드를 보니, IC라고 쓰여 있다. 담당자가 말하기를, IC는 '충분한 설명에 근거한 동의'Informed Consent라는 뜻으로, 여기에 서명한 사람들에게만 약을 나눠주고 있다고 한다.

영어를 알 리 없는 아프리카 사람들에게 '충분한 설명'이 주어졌을 리는 만무하다. 아무것도 모른 채 이들은 보험혜택을 박탈당하지 않기 위해, 무조건 서명을 했을 것이다. 저스틴은 서서히 드러나는 음모에 경악한다. 그러니까 누군가 결핵치료제 다이프랙사의 임상효능을 연구하기 위해 이곳 케냐 사람들을 대상으로 인체실험을 하고 있었던 거다. 에이즈 치료약의 무상 원조는 그저 빛 좋은 개살구였을 뿐이다.

저스틴은 테사와 이메일을 주고받던 사촌오빠 햄을 만나러 런던으로 날아간다. 공항 직원은 말도 안 되는 사유를 들어 그의 여권을 압수한다. 저스틴의 발을 묶어두려는 상부의 조치다. 누군가에게 밀착감시를 당한다고 생각했던 테사는 햄에게 하루 두 차례 이메일을 보내 정보를 알려주고 있었다. 테사가 보낸 이메일의 요지는 이랬다. KDH와 쓰리비즈는 모종의 유착관계로 맺어져 있는데, 이 둘의 '편의상 결혼'이 범죄적이라는 것이다. 스위스와 캐나다 합작회사인 KDH(카렐 델라코트 허드슨) 제약회사는 21세기에 강한 내성을 가진 결핵균이 등장하여 세계인구 3명 중 1명이 죽게 될 것이라는 전망 하에 획기적인 결핵치료제 다이프랙사를 내놓았다. 이 신약의 임상효과를 확인하기 위한 생물학적 동등성 시험을 영국 제약회사 쓰리비즈가 담당함으로써, 둘은 확실한 유착관계에 들어가게 된다. 말하자면 지금 아프리카에서 벌어지고 있는 다이프랙사 임상실험은 KDH와 쓰리비즈의 '편의상 결혼'의 결과인바, 그 실험에 동의하지 않는 사람들에게는 에이즈 치료약마저 공급되지 않아, 완자 킬루루 같은 무수한 사람들이 죽음에로 내몰리고 있으니,

그 결혼이 낳은 것은 '죽은 자식' 뿐이라는 소리다.

저스틴은 위조여권을 가지고 베를린으로 간다. 테사와 접촉했던 독일 제약업 감시단Hippo 소속 활동가를 만나기 위해서다. 거기서 그는 다이프랙사 성분에 문제가 있다는 놀라운 비밀을 듣게 된다. 그러나 그동안 소요된 개발비가 아까워, 그리고 재개발을 하는 동안 경쟁사에게 선점당할까봐, 쓰리비즈가 실험결과를 조작하고 있다는 것이다. 그런데 이렇게 다이프랙사에 결함이 있는 것을 알면서도 케냐 정부가 인체실험을 승인했냐는 질문에, 5만 달러쯤 쥐어주면 독극물도 화장품으로 둔갑할 수 있는 게 그 세계라는 활동가의 냉소적인 설명이다. 한동안 케냐에서 이 영화의 원작소설이 금서로 지정되었던 이유를 알겠다. 그 여성활동가는 다이프랙사를 개발한 의사 로비에가 아직 케냐에 있으니 그를 만나보라는 말을 끝으로 황급히 자리를 뜬다. 숙소에 돌아온 저스틴을 맞이한 건 폭력배의 모진 구타와 협박. 여기까지만이다, 더 이상 알려고 하면 다친다.

다시 케냐 나이로비로 돌아온 저스틴은 샌디를 찾아가 추궁한다. 샌디는 테사와 아놀드가 작성한 다이프랙사에 관한 보고서를 버나드 펠레그린 경에게 전달한 장본인이고, 그 두 사람이 로키로 여행가는 일정을 알려줌으로써 결국 살해에 공모했다. 영국 정부 입장으로서는 KDH가 영국 내 낙후 지역에 건설한 공장을 프랑스로 이전하겠다고 위협하자, 쓰리비즈를 투자 파트너로 내세워 무마시켰던 것이므로, 테사의 보고서가 흔쾌할 리 없었다. 쓰리비즈를 압박해서 실험을 중단하고 약을 재개발하라는 테사의 요구는 버나드 경에 의해 간단히 무시되었을 뿐만 아니라, 테사의 입을 영구적으로 막기 위해 살인도 불사하는 빌미가 되었다. 먹을 것이 없어서 죽든지, 에이즈에 걸려 죽든지, 어차피 죽을 사람들을 죽인 것뿐인데, 왜 들쑤셔서 죽음을 자초했냐는 샌디의 말은 어쩌면 대다수 부유한 나라 사람들의 입장을 대변하는 건지도 모른다.

이제 로비에 의사를 만나야겠다고 생각하며 마지막 진실에 다가가려는 저스틴을 영국 정보부 소속 노인 친구가 말린다. 완자 킬루루는 존재 기록이 없는 다른 흑인들과 함께 콘크리트 아래 매장되었다는 것이다. 아프리카에서는 마음만 먹으면 사람 하나쯤 흔적도 없이 없애버리는 건 간단한 일이다. 테사의 동료 아놀드의 시신도 최근에 발견되었는데, 사막에서 신체 절단의 고문을 당한 뒤 십자가에 거꾸로 매달린 채로 죽었다고 한다. 그러니 살고 싶으면 여기서 멈추라는 조언이다. 하지만 저스틴은 이에 굴하지 않는다. 테사의 흔적을 추적해 들어갈수록 그에 대한 사랑도 깊어만 간다. 자기를 보호하기 위해 모든 일을 혼자 처리하며 힘들어했을 아내가 사무치게 보고 싶은 저스틴이다. 종종 나타나는 환영幻影 속에서 테사는 언제나 그렇듯이 환한 웃음 뒤에 따뜻한 정의감을 머금고 있다. 저스틴은 아내의 영혼이 자기와 늘 함께 하는 것처럼 느껴진다.

프리랜서 기자로 분해 유엔 헬기를 얻어 타고 닥터 로비에를 만나러 가는 저스틴에게 헬기 조종사는 '생명의 씨'를 뿌리는 장관을 보여주겠다고 한다. 하늘에서 내리는 식량과 의약품 따위를 받으러 달려드는 사람들,

그들에게 구호물자란 어떤 의미일까? 또 서구 부자나라는 어떤 의미일까? 마치 자신의 죄를 속죄하기라도 하려는 양, 도시병원을 떠나 오지에서 흑인 환자를 돌보는 데만 전념하는 로비에 박사는 서구 제약회사가 유통기한 지난 약을 공짜로 주고 세금 우대를 받는다며 분통을 터뜨린다. 그가 보기에 거대제약회사는 무기상과 다름없다는 것이다.

그와의 대화 속에서 저스틴은 마지막 수수께끼를 풀게 된다. 테사와 아놀드는 자기들의 보고서에서 누락된 부분, 곧 다이프랙사를 먹고 부작용을 일으킨 사람들의 사례를 녹취하러 로비에를 방문했었다. 그런 다음 그 보고서와 녹음테이프를 '여성생존전선'이라는 단체의 대표로 있는 인권활동가 그레이스 마캉가에게 전해주러 다시금 여행을 떠났다는 것이다. 그러면 마캉가가 그 자료들을 유엔에 넘겨주기로 되어 있었다. 겁이 난 로비에는 그 단계에서 자기가 소속되어 있던 KDH 보안요원에게 이 사실을 알린다. 설마 그들이 테사와 아놀드를 살해하리라고는 꿈에도 생각지 못했을 것이다.

그들이 이야기를 나누는 사이에 잔인한 이웃 부족의 습격으로 집집마다 약탈과 방화가 일어난다. 밖에서는 서구의 침탈이, 안에서는 부족간의 약탈이 지속되고 있어, 한시도 바람 잘 날이 없는 아프리카의 현실을 한눈에 볼 수 있는 장면이다. 급하게 유엔 헬기로 뛰어가는 마을 사람들을 흑인 조종사가 매몰차게 내친다. 하기는 그 많은 사람들을 다 태울 수도 없을 것이다. 마침 어린 흑인 소녀의 손을 잡고 함께 탄 저스틴이 기왕에 이 아이 하나만 데려가자고 한다. 규정상 절대 흑인은 탑승시킬 수 없다고, 밖에 수천 명이 있는데 한 명만 예외로 봐줄 수는 없지 않냐고 완강히 버티는 조종사에게 그는 소리친다. 여기 한 명은 우리가 지금 살릴 수 있지 않냐며 애원했지만 허사였다.

기억력이 좋은 관객이라면 저스틴의 이런 모습에서 테사의 이미지를 발견할 것이다. 저스틴의 말은, 죽은 아이를 낳고나서 퇴원하던 길에 키오코를 보며 테사가 했던 말과 똑같다. 테사의 흔적을 밟아 여기까지 오는 동안 저스틴은 어느덧 테사가 되어 있었다. 그러므로 테사가 죽은 바로 그 자리에서 린치당하고 살해당한 저스틴의 죽음은 절절한 사랑의 고백이자 화해의 제물과도 같은 것이다. 안타까운 비극이지만, 죽음을 통해 그들은 비로소 하나가 될 수 있었다.

별이 빛나는 이유

'어차피 죽을 사람'을 대상으로 실험하는 게 뭐가 나쁘냐는 샌디의 말을 다시 한 번 곱씹을 필요가 있다. 나치 수용소나 731부대에 잡혀 있던 포로들도 어차피 죽을 목숨이었다. 매독에 걸린 터스키기 흑인들도 자기가 '나쁜 피' 때문에 고통 받는 것이지 설마 매독 때문이리라고는 짐작도 못했기 때문에, 가만 놔두면 어차피 죽을 목숨이었다. 그러나 뉘른베르크 이후 새로이 정립된 윤리관은, 설령 그렇더라도 그들을 대상으로 비치료 임상실험을 한다는 것은 비윤리적이라고 천명한다. 1964년 세계의사협회가 채택한 헬싱키 선언에 따르면, "인간 피험자의 안녕에 관한 고려가 과학적인 중요성보다 우선한다."고 강조함으로써,

아무리 '공익'을 목적으로 한 연구라도 반인륜적 생명 범죄는 허용될 수 없다는 입장을 분명히 밝힌 바 있다.

그럼에도 불구하고 달걀로 바위 치는 느낌이 드는 것은 왜일까? '선언 따로, 실천 따로'인 현실의 비애일까? 약자의 인권을 옹호하기 위해 거대기업에 맞서 투쟁하는 일이 이토록 참담한 결과를 빚으리라고는 상상조차 못할 일이다. 영화 속에서 쓰리비스 회장이 이런 말을 했었다. 어떤 흉측한 벌레가 기어 나올지 모르기 때문에 바위 밑은 섣불리 들추는 게 아니라고 말이다. '특히 외국정원에서는'이라고 힘주어 말하던 그의 교활한 미소가 무슨 의미인지, 이제는 똑똑히 알겠다.

그러나 때로 죽은 자도 말을 하는 법이다. 이것이 바로 콘크리트로도 덮을 수 없는 진실의 위대한 힘이다. 저스틴의 장례식장에는 자살로 위장된 그의 죽음을 애도하러 지도층 인사들이 속속 밀려든다. 그 중에는 버나드 펠레그린 경도 끼여 있다. 테사와 저스틴을 살해하는 데 막강한 배후세력으로 작용했던 정부 고위층 인사 말이다. 그의 애도사가 끝나자, 테사의 사촌오빠 햄이 단상에 올라 한 장의 편지를 읽어 내려간다. 그 편지는 펠레그린이 샌디에게 보낸 것으로, 테사의 죽음을 사주하는 내용이 담겨 있다. 잔뜩 일그러진 표정으로 도망치듯 빠져나가는 그를 카메라가 뒤쫓는다. 그는 과연 어떤 처벌을 받게 될까?

> 아프리카에 살인이란 없어요. 오직 한 많은 죽음만 있을 뿐……. 그러한 죽음을 통해서 우리는 문명의 혜택을 누렸습니다. 그들의 생명을 싸구려 취급하면서 너무도 쉽게 얻어낸 혜택입니다.

어쩌면 햄의 추도사가 이 영화의 핵심 메시지일 것이다. 〈동물의 왕국〉에서 보았음직한 원시의 생명력이 꿈틀대는 아름다운 아프리카가 서구 제국주의적 기업들에 의해 무제한적으로 수탈당하고 있다. 순박한 그들에게 '미개'라는 꼬리표를 붙여놓고 '문명'의 이름으로 그들을 마음껏 유린하며 착취하는 우리는 누구인가? 누가 누구에게 미개와 문명을 가를 기준을 허용했는가? 지구상 어디에서든 약자집단이 끊임없이 희생당하는 시스템이 구축되어 있다는 것은 지구인 모두의 책임 방기가 아닌가? 그러므로 우리 모두가 그들을 살해한 공모자가 아닌가?

〈콘스탄트 가드너〉의 여주인공 테사 퀘일의 캐릭터는 실존 인물에 바탕을 두었다고 한다. 인내심을 가지고 영화의 엔드 크레디트를 꼼꼼히 살피다 보면 "온몸으로 세상을 위해 살고 세상을 염려하다 죽은 이벳 삐에르빠올리와 그밖에 다른 구조 활동가들에게 이 영화를 바칩니다."This film is dedicated to Yvette Pierpaoli and all other Aid Workers who lived and died giving a damn.라는 문장을 볼 수 있다. 이는 물론 원작자인 존 르 까레가 자기 소설을 이벳 삐에르빠올리에게 헌정한 때문이다. 열정적인 인권운동가로 난민국제기구 대표였던 이벳은 1999년 60세의 나이로 알바니아에서 두 명의 동료 및 운전사와 함께 교통사고로 숨졌다. 그는 19세 때 캄보디아의 프놈펜으로 떠나면서부터 인권운동에 투신했다고 한다. 1970년대에 이 위대한 여성을 알게 된 존 르 까레는 이벳에게서 테사의 캐릭터를 빌어 왔다. 자신의 신념을 고집스럽게 밀고 나가는 추진력과 용기, 그런가 하면 고통 받는 사람들을 향한 무조건적 연민을 간직하고 있는 테사의 성품은 그대로가 이쁜의 매력이었다.

이런 이들로 인해 세상은 아직 살 만한 것이 아닐까 위안을 받는다. 안도현의 시 한 토막이 떠오른다.

> 사랑이여
> 오늘밤 저렇게 별이 빛나는 이유는
> 그대와 내가 어느새
> 이 세상을 끌고 가는 주인이 되었다는 뜻이라네

10

선택
Extreme Measures

주제 : 인체실험

_ 1996년 | 미국 | 공포, 서스펜스 | 15세 | 118분

_ 감독 : 마이클 앱티드 (Michael David Apted)

_ 출연 : 휴 그랜트 (Hugh Grant)
진 핵크만 (Gene Hackman)

마루타, 인체실험의 비극적 상징

'생명윤리'라고 하는 복잡하고 광범위한 분야를 한마디로 요약하라면 '생명에 대한 윤리'라고 할 것이다. 말장난 같이 들리지만, 그보다 더 정확한 표현을 찾기 어렵다. 학學으로서의 생명윤리가 본격적으로 발생한 시기를 1970년대 초반으로 잡는다고 할 때, 그 전에 무언가 생명에 대한 윤리적 관심이 생겨난 특별한 계기가 있었으리라고 추측할 수 있다. 아닌 게 아니라 세계 최초의 장기이식수술이 성공하고, 시험관 아기가 태어나고, 안락사 문제가 대두되고, 낙태 논의가 본격화된 것이 그때쯤이다. 생명을 다루는 기술, 특히 의료기술의 경이로운 발전은 생명에 대한 윤리적 고민을 가속화시켰다. 하지만 그보다 더 결정적인 계기는 따로 있었다. 바로 2차 대전 중에 있었던 파시스트 독일과 제국주의 일본에 의해 저질러진 끔직한 인체실험이 그것이다.

731부대로 더 유명한 관동군방역급수부는 당시 소비에트 연방과 국경을 접하고 있던 만주에서 세균전을 위한 비밀병기를 연구한다는 명목 하에 중국인과 조선인, 소련인 등 3천 여명을 상대로 각종 인체실험을 자행했다. 거기서 '피실험 재료'로 잡혀온 사람들이 '마루타'라는 은어로 불린 것은 유명하다. 마루타는 '껍데기만 벗긴 통나무'라는 뜻으로, 한자어 '환태'丸太의 일본식 표현이다. 731부대 위생병 출신이었던 오카와 후쿠마츠가 지난 2007년 4월 8일 일본 오사카에서 열린 "전쟁과 의술의 윤리"라는 국제 심포지엄에 참석하여 증언한 내용에 따르면, 그들은 주로 페스트나 콜레라, 매독 등의 병원체를 인체에 주사해 감염 상태를 조사하거나 인위적으로 동상에 걸리도록 하는 실험을 했다. 심지어 우는 아이가 보는 앞에서 종군 위안부 어머니를 해부한 적이 있다고 밝힌 그는, 그 아이 역시 동상 실험의 대상이 되었다고 증언했다. 매일 2-3명씩 생체해부를 하지 않으면 일이 끝나지 않는 느낌이 들 정도로 차츰 감각이 마비되어 갔었다고 말한 그는 죽음을 앞두고 진실을 밝히기 위해 처음으로 증언대에 섰다고 한다.(CBS 국제부 최한태 기자, 노컷뉴스, 2007. 4. 10. 참고)

그러나 이와 같은 생체실험의 잔혹상이 버젓이 드러나 있고 또 계속해서 밝혀지고 있는데도, 일본 최고 법원은 2차 대전 당시 일본군 731부대에 의한 세균전이나 난징학살 행위 등에 대해 현 일본 정부가 손해배상 책임이 없다고 최종 결정을 내렸다. 이는 이른바 동경전범재판1946-48에서 731부대원들이 단 한 명도 처벌되지 않은 것과 연관이 있는데, 그럴 수 있었던 내막은 바로 일본 정부가 생체실험에서 얻은 자료를 미국 측에 양도하는 대가로 협상을 벌였기 때문이다. '이시이 부대'라는 별명이 말해주듯, 731부대는 의사 이시이 시로石井四郎 부대장의 창안과 관리 하에 운영되었는데도, 그는 전범재판에서 무죄 방면을 받은 것도 모자라, 이후 도쿄대학 학장까지 지냈을 정도였다.

한편 비슷한 시기에 나치 과학자들도 강제수용소에 수감된 10만 여명의 유대인들을 상대로 소름끼치는 실험들을 자행했다. '죽음의 천사'라는 별명을 가진 의사 멩겔레Josef Mengele, 1911-1979의 유명한 '쌍둥이 실험'은 당시 아우슈비츠에서 행해진 인체실험이 얼마나 잔인무도하고 야만적이었는지 적나라하게 보여준다. 인류학 연구라는 미명하에 그는 측정 가능한 모든 신체부위(장기 포함)를 측정하려고 쌍둥이들을 마치 실험용 쥐처럼 죽이곤 했으며, 생식기 교체시술이나 인공 '샴쌍둥이'를 만드는 접합수술도 서슴지 않았다.

나치 독일에 부역한 과학자들과 의사들은 전쟁이 끝나고 뉘른베르크 재판1945-46에 회부되었다. 의사 20명과 의료행정가 3명이, 의학의 이름으로 자행된 살인 · 고문 · 잔학행위의 주범으로 기소되어, 그 중 7명이 교수형을, 9명이 장기징역을 선고받았다. 그 밖의 나머지 사람들은 고향의 대학이나 의료현장으로 돌아갔다. 뉘른베르크 재판을 혹자는 반쪽짜리 재판이라 부르는 이유가 거기에 있다. 그럼에도 불구하고 그 재판에 주목해야 하는 이유는, 판사들이 판결문에다가 오늘날 생명윤리의 초석이 되는 귀중한 윤리지침을 포함했기 때문이다. 소위 '뉘른베르크 강령'Nuremberg Code으로 알려진 그것은, 인간을 대상으로 하는 연구와 실험이 윤리적이기 위하여 반드시 지켜져야 할 열 가지 원칙을 명시하였는바, 이후 유엔총회1948에서 채택된 '세계 인권 선언'의 초석이 되기도 했다.

이러한 맥락에서 생명윤리의 여러 흐름 가운데 첫 번째로 인간을 대상으로 하는 연구나 실험에 수반되는 윤리문제를 꼽는 것은 대단히 의미심장한 선별이다. 생명윤리는 무엇보다도 이 부분을 심도 깊게 다루지 않으면 안 된다. 왜냐하면 인체실험이라는 주제야말로 인간성 자체에 대한 고민과 아울러 인권의 문제, 혹은 권력관계의 문제 등 생명이 터하고 있는 복합적인 관계의 그물망을 윤리적으로 성찰하는데 더할 수 없이 좋은 주제이기 때문이다. 게다가 인체실험은 전쟁이라는 극한 상황에서 나치나 731부대 같은 악명 높은 괴물들에 의해 벌어졌던 과거의 비극만이 아니라, 지금도 세계 곳곳에서 암암리에 이루어지고 있는 공공연한 비밀이기에 이 문제에 대한 올바른 인식이야말로 생명존중의 첫걸음일 것이다.

누구를 먼저 살릴 것인가

뉴욕 그래머스 병원의 응급실 풍경은 그야말로 생지옥 같다. 생사를 오가는 응급 환자들 틈에서 닥터 가이 루썬(휴 그랜트 역)은 한 생명이라도 더 살리려고 고군분투한다. 잘 생긴 영국 배우 휴 그랜트가 주인공 역을 맡아서 그런지, 닥터 가이도 영국 태생으로 나온다. 워낙 실력 좋기로 유명해 이 병원에 스카우트 되어 와 있는 그는 곧 있으면 뉴욕주립대학 신경학연구소의 특별연구원으로 초빙될 예정이다. 잘 생겼지, 잘 나가지, 뭐 하나 부족할 게 없는 그의 삶에 '태클'이 걸려오지만 않았어도, 이 영화는 스릴러보다 멜로 영화가 적격이었겠다.

한밤중에 두 명의 총상 환자가 들이닥친다. 한 쪽은 경찰이고, 다른 쪽은 마약 중독자다. 누가 먼저랄 것도 없이 서로 총질을 해서 각각 가슴과 목에 총상을 입었다. 3분 이내에 수술실 2개를 마련해야 한다. 간호사는 다급하게 전화를 돌린다. 그런데 남는 수술실이 하나밖에 없단다. 누구를 먼저 치료할 것인가? 그 때 부상당한 경찰의 상관인 스톤 형사가 가족이 왔다는데, 꼭 살려달라고 가이를 찾는다. 1-2초의 짧은 순간, 마치 정지화면처럼 가이의 눈이 환자 아내의 눈과 부딪친다. 그는 주저없이 선택한다. 가족과 동료와 직업이 있는 경찰을 먼저 살리기로 결정한 것이다.

수술이 끝나자, 기다리고 있던 스톤 형사가 가이에게 부하를 살려줘서 고맙다는 인사를 전한다. 신세 한번 졌으니 필요하면 언제든지 연락하라는 말도 덧붙인다. 그런데 아까 수술실을 잡으려고 이리저리 전화할 때부터 표정이 약간 일그러져 있던 간호사 조디(사라 제시카 파커 역)의 반응이 영 냉랭하다. 좇아가서 왜 그러냐고 묻는 가이에게 조디가 대답한다. 다른 쪽이 더 심각했는데, 왜 경찰부터 수술해 줬냐고, 그런 선택은 도덕적일지는 몰라도 의사답지는 않은 거라고 명확하게 이야기한다. 똑 부러지는 간호사 조디의 지적에 가이는 진심으로 사과한다. 그러면서 내일 오후에 인턴 평가 작업을 해야 하는데, 지금 나에게 해준 것처럼 날카롭게 조언해 달라고 부탁한다. 의사와 간호사 사이의 관계가 과연 이렇게 쌍방적이고 수평적일 수 있을지 의심스럽지만, 어쨌든 서로를 대등한 동료로 여기고 상호보완적 자세로 일하는 모습이 참 보기 좋다.

그 무렵 응급실에 이상한 환자가 실려 온다. 벌거벗은 온 몸을 비닐로 대충 감은 몰골이 어딘가 심상치 않다. 원인도 모르고 제어도 안 되는 발작에 의료진 모두 속수무책인데, 도무지 어떤 증상부터 잡아야 할지 모르게 환자의 발작이 일관되지 않다. 손목에 병원 인식표가 달린 것으로 보아, 어느 병원에 있던 환자인 것 같기는 한데, 그런 인식표는

다들 처음 보는 것이라고 한다. 등 뒤쪽에는 수술한 지 얼마 안 된 자국마저 있다. 신원미상의 이 환자를 어찌 해야 할까?

잠시 후, 아무 조치도 취하지 않은 상태에서 환자는 갑자기 안정을 되찾는다. 곁에서 그를 지키고 있던 가이를 향해 환자가 입을 연다. 자기 이름을 클로드 민킨스라고 밝힌 그는 전에도 한번 이 병원에 온 적이 있다며, '트라이 페이스'Try Phase라는 알 수 없는 용어를 언급한다. 테디 돌슨의 '방'으로 가면 실마리를 찾을 수 있다는 말을 끝으로 그는 다시 시작된 발작 끝에 결국 사망하고 만다. 가이로서는 이 환자의 사망 원인을 가늠할 수 없어 사망진단서를 작성하기가 찜찜하다. 그런 가이를 보고 선배는 신원미상의 떠돌이 하나가 죽었을 뿐인데 뭘 신경 쓰냐는 식으로 대수롭지 않게 넘긴다.

그 날 오후, 거리 카페에서 가이와 조디는 인턴 평가 작업을 함께 한다. 사실 조디가 그 많은 인턴들을 일일이 기억하며 잘 알고 있는 것은 직무상 서류 작업을 많이 하기 때문이다. 그러다보니 우연히 가이의 개인서류도 보게 되었다. 그가 남에게 알리고 싶지 않은 상처를 담은 서류다. 전직 의사였던 가이의 아버지는 말기 암으로 고생하던 친구의 부탁을 들어준 대가로 의사 면허를 취소당했다. 이런 사실을 알고 있다는 것이 상대방에게 혹시라도 불편함을 느끼게 할까봐 조디는 미안해한다. 그런 조디에게 가이는 괜찮다며 손을 젓는다.

일을 마치고 일어나 커피 값을 계산하던 중 그는 주머니에서 나온 환자 인식표에 새삼 신경이 쓰인다. 병원 원무과 직원은 보험도 없이 사망한 환자를 도대체 뭐하러 2,600달러나 들여 검사를 했느냐며 가이를 나무란다. 미국은 영국처럼 병원 운영에 대한 정부 보조금이 없으니 알아서 하라는 직원의 말은 철저히 상업화된 미국적 의료현실에 대한 고발처럼 들린다. 아파트에 돌아온 가이는 이 병원 저 병원 수소문해보지만 어디서도 그렇게 생긴 인식표는 사용하지 않는다는 대답뿐이어서 마음이 착잡하다.

다시 한 밤 중에 응급실에 도착한 가이에게 한 통의 전화가 걸려온다. 클로드 민킨스라는 환자에 대한 검시檢屍 결과를 알려주러 전화했다는 상대방은 그의 사망 원인이 폐색전肺塞栓이라고 잘라 말한다. 밀려드는 새 환자 때문에 정신이 없는 상황에서 가이는 무심코 전화를 끊는데, 본인이 생각했던 것과 달리 너무 간단한 병명이라 의혹에 휩싸인다. 마침내 검시소를 찾은 그는 자기에게 전화한 검시관을 찾지만, 담당자는 그런 전화를 한 적이 없을뿐더러, 심지어 클로드 민킨스라는 이름의 시신은 후송되어 오지도 않았다는 것이다. 기록도, 시신도 사라지고 말았다. 도대체 클로드 민킨스에게는 무슨 일이 일어났던 것일까?

가이는 병원 자료실 직원을 통해 그에 관한 컴퓨터 파일을 뒤져보기로 한다. 과연 그는 언젠가 손목 골절로 응급실에 왔던 적이 있다. 집도 가족도 없는 그에게는 피검사 등에 소요된 의료비가 아직 미납으로 남아있는 상태다. 골절상을 입은 환자에게 왜 피검사를 했을까 의아해서 세부기록을 살피던 가이는 '연구소 업무'lab work라는 글자만 깜빡일 뿐, 세부 파일이 삭제된 것을 발견한다. 클로드가 만나보라던 또 한 사람, 테디 돌슨도 사정은 비슷하다. 집도 없고 가족도 없는 그는 결막염으로 이 병원에 온 적이 있는데 역시 '연구소 업무'상 피검사를 했으며, 그 이상의 기록은 지워진 상태다. 컴퓨터 데이터가 지워졌다면 원본 자료는 있을 것이라는 판단에서, 가이는 통제구역인 자료실에 잠입한다. 이 때 나타난 선배의사, 이런 짓이 발각되면 경력에 치명적인 해를 입는다며, 뉴욕대학으로 옮겨갈 준비나 잘 하라고 충고한다.

왜 하필이면 사회적 약자인가

마침내 뉴욕대학 신경학 연구소 리셉션에 참가한 가이는 마이릭 박사(진 핵크만 역)와 대면한다. 영화가 여기까지 전개되는 동안 두어 번 얼굴이 등장했던 마이릭 박사의 정체가 드디어 드러나는 순간이다. 처음 그는 위대한 과학자에게 수여하는 웨인라이트 상의 수상자로 선정되어 가족과 친지들의 축하를 받는 장면 속에 나왔었다. 딸이 백악관에서 보낸 축하전보를 읽는 동안, 어린 손녀를 품에 안고 흐뭇해하는 그의 모습은 영락없이 자상한 가장에 훌륭한 학자의 그것이었다. 그랬던 그가 두 번째 나왔을 때는 교활한 범죄자의 얼굴을 하고 있었다. 한밤 중에 가이가 받았던 검시관의 전화는 사실 마이릭 박사의 제자인 밍거스가 건 것이다. 믿더냐는 마이릭의 질문에 밍거스는 그런 것 같다고 답하지만, 마이릭은 도리질을 한다. 어떻게 해서든 가이가 이 사건에서 손을 떼도록 해야 한다고, 우리가 먼저 테디 돌슨을 찾아내야 한다고, 에프비아이FBI 특수요원을 담당하던 그다.

그러니까 마이릭 교수가 리셉션 장에 나타난 것은 가이의 동향을 살피기 위함이다. 그런 줄도 모르고 가이는 명망 높은 의사요 과학자인 마이릭에게 퍼뜩 질문을 던진다. 40대 백인남자가 이러저러한 증상으로 왔는데, 도대체 손댈 수가 없이 모든 신체기능이 비정상이었다면, 무슨 병으로 간주하시겠냐고 진지하게 물어본다. 당황한 마이릭은 대충 얼버무리며 리셉션 장을 벗어나지만, 밖에 있던 밍거스 박사에게 말한다. "아직도 포기하지 않은 걸 보니 이 놈 진짜 질기다."

똑똑한 관객들은 벌써 짐작하시겠지만, 이해를 돕기 위해 이쯤에서 대략 정리해보면 이렇다. 클로드 민킨스는 마이릭 박사팀이 수행하는 모종의 연구에 '이용'된 '실험재료'다. 그 연구가 뭔가 하면, 척수마비 환자들의 신경을 회복시키는 연구로, 클로드의 등 뒤에 있던 수술 자국이 이를 말해준다. 마이릭 박사가 위대한 과학자상을 받은 것은 쥐 실험에서 이 연구가 성공했기 때문이다. 그러나 쥐, 개, 침팬지 등 몇 단계의 동물실험을 거쳐 그 안전성이 입증되어야지만 비로소 사람을 대상으로 한 까다로운 임상실험이 허용되는 지난한 절차가 마이릭의 조급증을 자극했다. 자기를 구세주처럼 바라보며 성원하는 수많은 마비 환자들에게 얼른 희망을 주고 싶었다. 그를 보디가드처럼 따르는 에프비아이 요원도 알고 보면 딸이 전신마비 환자라 그렇게 열성이었던 것이다. 그와 한 팀을 이루어 연구팀을 옹위하던 흑인형사 역시 아들이 하반신 마비환자였다.

마이릭의 임상실험은 거의 성공을 눈앞에 두고 있었다. 정부 지원

외에 부유층 마비환자들로부터도 연구비를 받은 마이릭은 인체실험 대상자로 아무런 연고가 없는 노숙자들을 끌어들였다. 멀쩡한 사람들이 하루아침에 척수가 제거되어 마비환자로 전락했다. 그들에게 인공신경을 심어 운동성 여부를 관찰하는 게 주요 연구 내용인데, 그 과정에서 죽어나간들 아무도 신경 쓰지 않으니 그만한 실험재료가 없었던 것이다. '12번 환자'가 수술 후 75퍼센트의 운동성을 회복했다고 마비환자와 그 가족들 앞에 자랑스럽게 보고하는 마이릭의 의식 속에서 실험대상자들은 결코 존엄한 인격이 아니었다. 그들은 그저 번호였고, 20세기 미국판 마루타였다.

리셉션에 참가하고 와서도 클로드 민킨스에 대한 의혹을 떨쳐버리지 못하는 가이에게 동료들은 과중한 업무로 인한 스트레스 장애라며 몰아붙인다. 1주일에 90시간씩이나 근무하니, 별 것도 아닌 문제에 집착하게 된다면서 좀 쉬란다. 그 때 걸려온 또 한 통의 전화, 아파트에 도둑이 들어 경찰이 출두해 있다는 연락이다. 서둘러 집에 도착한 가이를 경찰은 뜬금없이 범죄자처럼 취급한다. 병원에서 쓰던 수건을 집어온 것 때문에 그러냐고 짐짓 웃어넘기려는데, 경찰은 그의 집에서 마약이 발견되었다는 황당한 소리를 한다. 졸지에 가이는 병원 물건 절도죄와 마약 은닉죄로 체포되어 병원에서 해고당한다. 병원 측 변호사와 동료의사들 앞에서 이건 모함이라고, 사라진 시체의 비밀을 찾다가 덫에 걸려든 거라고 항변해 보지만, 그의 편을 들어주는 이가 하나도 없다.

허무함과 억울함을 안고 병원에서 쫓겨나온 그의 눈에 공원을 서성대는 노숙자들이 들어온다. 그는 몇 번 응급실에 찾아와 말도 안 되는 처방전을 요구하던 한 노숙자에게 '방'이 뭐냐고 묻는다. 이제야말로 클로드 민킨스의 죽음에 얽힌 수수께끼를 풀어야할 때가 왔다고 느낀 것일까? 가이는 친분이 있는 간호사 조디에게 도움을 청한다. 클로드 민킨스와 테디 돌슨에 관한 자료를 찾아봐 달라는 부탁이다. 내가 왜 그래야 하냐고 되묻는 조디에게 가이는 앞으로 절대 의사 일을 할 수 없게 된 자신의 처지를 이해해달라며 호소한다.

'방'으로 데려다줄 '반半두더쥐'를 만나러 나가는 가이를 에프비아이 요원과 형사가 추격한다. 아파트에 마약을 숨겨둔 것도 물론 이들의 소행이다. 깡통 수집 일을 하며 먹고 산다는 반두더쥐는 가이를 동굴 같은 지하세계로 안내한다. 뉴욕 지하철이 지나는 선로 아래 깊디깊은 땅 속이다. 습하고 지저분하며 쥐가 들끓는 열악한 그곳에 진짜 '방'이 있다. 그리고 그 방에는 사람들, 지상의 세계에서 버려지고 잊혀져, 스스로를 두더쥐라 부르는 사람들이 있다. 가이는 이들에게 테디 돌슨을 찾으러 왔다고 전한다. 길에 쓰러져 있던 테디는 등에 수술자국을 지닌 채로 다행히 그들에게 구출되어 이 방에 와 있었다. 대장은 가이에게 건강한 남자들이 계속 실종되고 있는데, 그 까닭을 모르겠다고 말한다. 그제서야 의문이 풀리는 것 같았다. 가이는 이들이 생체실험의 표적이 되고 있음을 직감한다.

곧 죽을 것처럼 발작하는 테디 돌슨을 데리고 병원으로 가던 가이 일행은 뒤따라온 에프비아이 요원과 형사의 총격을 받는다. 그 자리에서 테디를 비롯, 지하세계의 사람들은 모두 총에 맞아 죽고 가이 혼자 도주하는데, 마침 형사가 선로에 발이 빠져 동료 요원에게 구조를 요청한다. 저만치에서 지하철이 달려온다. 요원은 형사를 구하기보다 가이를 좇는 선택을 한다. 동료애보다 진한 것이 부성애던가? 가족이기주의가 얼마나 무서운 것인지 적나라하게 보여주는 장면이다. 결국 형사는 지하철에 치여 사망하고, 가이는 요원이 쏜 총에 부상당한다.

겨우 지하철역으로 기어 올라가 가이는 동료인 쥬디 박사에게 전화를 건다. 누군가 생체실험을 하고 있다, 내 환자가 말했던 '트라이 페이스'가 바로 그거다. 당장 스톤 형사에게 전화해 달라, 자동응답기에 대고 소리치는 그의 목소리가 다급하다. (스톤 형사는 영화 앞부분에서 가이가 살려준 경찰의 상관이다. 도움이 필요하면 언제든 연락하라던.) 총에 맞은 부위에서는 계속 피가 흐른다. 어디로 갈 것인가? 자기 집으로 갈 수도 없고, 뒤에서는 총 든 사내가 좇아 오고……. 그는 간호사 조디의 집을 찾아가 도움을 청한다. 그런데 오빠가 깬다며 그를 화장실에 밀어 넣은 조디가 구급약을 가지러 나간 사이에 쓰레기통에다 뭔가를 버리려던 가이는 그만 문제의 글자들을 보게 된다. 쓰레기봉투 위에 또렷이 박힌 글자는 트.라.이.페.이.스! 그가 그토록 풀고자 했던 암호문이 아닌가? 당신도 한패였군, 다그치는 가이의 등 뒤에서 휠체어를 탄 조디의 오빠가 나타나 몽둥이로 가격한다.

그건 그들의 선택이 아니었다

목에 깁스를 한 채 병상에서 깨어난 가이는 도무지 몸을 움직일 수가 없다. 병실 문을 열고 들어온 밍거스 박사의 말에 의하면(사실 관객이야 그가 밍거스 박사인 것을 알지만, 가이는 아직 그의 정체를 모른다), 가이는 총상 외에도 등 위쪽을 심하게 맞아 6번 척추를 다쳤다고 한다. 쉽게 말하면 목 아래가 전부 마비되었다는 뜻이다. 절망하지 말라는, 이런 상태에서도 행복을 되찾을 수 있다는 의사의 말이 다 소용없게 들린다. 팔에 앉은 파리조차 쫓을 수 없는 신세라니……, 가이는 절망한다.

그날 밤, 마이릭 박사가 병실 문을 열고 들어온다. 제자였던 밍거스 박사의 연락을 받고 한걸음에 달려왔단다. 차트를 보니 끔찍하더라며 위로하는 그의 말에 가이는 애원한다. 제발 수액에 염화칼륨 조금만 넣어 죽여주는 게 도와주는 거라는 부탁한다. 순간 마이릭 박사의 눈이 반짝 빛을 낸다.

마이릭 : 만약 회복이 가능하다면 어쩔 텐가?

가이 : (체념한 듯) 그럴 리 없어요.

마이릭 : 다시 걸을 수 있다면? …… 다시 일상생활로 돌아갈 수 있다면, 어떤 대가라도 치르겠나?

가이 : (믿을 수 없다는 듯) 이렇게는 도저히 못 살아요.

마이릭 : 누가 돌봐만 주면 그렇게도 20년은 더 살 수 있지. …… 대답하게. 어떤 대가라도 치르겠나?

그의 거듭되는 질문에 가이는 대답한다. "그럼요, 뭐라도 하지요. 그럴 수만 있다면, 정말 다시 걸을 수 있고 정상적인 삶을 살 수만 있다면 무슨 짓인들 못하겠어요." 그의 절절한 대답은 사실 우리 모두가 동일한 상황에서 할 수 있는 동일한 반응일 것이다. "잘 생각해 보게" 의미심장한 말을 남긴 채 마이릭은 유유히 병실을 나간다.

지옥 같은 밤을 보내는 동안 그의 머릿속을 헤집고 다니는 생각이 무엇일지, 우리는 잘 안다. 절망과 체념 속에 부쩍 수척해진 얼굴은 보기에도 애처롭다. 손등에 앉은 파리를 물끄러미 바라보던 그, 무심코 파리를 쫓으려고 하는데, 아니 이게 어찌된 일인가? 손이 움직이지 않는다.

때마침 들어온 간호사 조디가 입을 옷을 내밀며 다급하게 일러준다. 실제로 마비된 게 아니라, 약 때문에 잠시 마비된 것처럼 느껴진 것뿐이라는 설명이다. 지금 이곳이 바로 트라이 페이스, 그러니까 바이오신텍스 Biosyntex사가 운영하는 일종의 비밀 연구소라는 것이다. 음주운전을 한 자신의 실수로 교통사고를 당해 하반신 마비가 된 오빠를 살릴 요량으로 어쩔 수 없이 이 일에 끼어들게 되었다는 조디는 가이에게 진심으로 용서를 빈다.

도망친 가이가 아직도 건물 안에 있음을 아는 마이릭 박사는 방송실 마이크를 통해 가이를 설득한다. 자신의 업적이 얼마나 대단한 것인지, 왜 생체실험을 할 수밖에 없었는지 설명하던 그는 가이처럼 유능한 인재가 꼭 필요하다며 연구팀에 합류하라고 말한다.

실험대상이 된 사람들은 어차피 죽게 될 거야. 하지만 그들은 피해자가 아니라 영웅일세. 그들 덕분에 수백만 명이 다시 걷게 될 거야. …… 그들은 모두 마약 중독에 집 없는 떠돌이였지. 그들에게는 아무것도 없었어. 가족도, 미래도. …… 그러나 여기서는 기적의 장본인이 되는 거라구.

그의 일장연설이 이어지는 동안, 갑자기 안내 데스크에 스톤 형사가 찾아온다. 가이와 함께 일하는 쥬디 박사의 신고를 받고 조사차 왔단다. 아무 일도 없는 양 천연덕스럽게 그를 맞이해 되돌려 보내는 마이럭 박사, 결국 거기서 가이와 마지막 담판을 벌인다. 그는 일전에 가이가 경찰과 마약 중독자 중 경찰부터 치료한 예를 들어가며, 자신의 인체실험을 정당화하려고 한다. "좋은 의사는 실수를 안 하고, 위대한 의사는 옳은 일을 한다."면서 자신의 '위대한' 연구에 동참할 것을 회유하던 그는 안내 직원 헬렌을 가리키며 말한다. "자네는 몸이 마비된 상황에서 다시 걸을 수만 있다면 뭐든 하겠다고 했는데, 그것도 고작 하루 만에 그렇게 말했는데, 헬렌은 12년째나 휠체어에 의지해서 산다네."

이제 가이가 선택할 차례다. 이 영화의 우리말 타이틀을 '선택'이라 붙인 것이 얼마나 탁월한지 모른다. 원어 그대로 하면 '강경책', 뭐 그쯤 되겠는데, 그렇게 옮겼다가는 영 제 맛이 나지 않았을 뻔 했다. 아무튼 가이의 멋진 대답은 이랬다.

당신이 옳을지도 모르죠. 실험실의 그 사람들은 어쩌면 살 가치가 없는지도 몰라요. 당신 말대로 영웅적인 죽음일 수도 있구요. …… 하지만 그건 그들의 선택이 아니라 당신 선택이었어요! 당신은 당신 부인이나 손녀는 선택하지 않았죠. 그러면서 저 남자들은 데려다가 죽여 버렸어요. 그건 옳은 일이 아니에요. 당신은 히포크라테스 선서를 한 의사지, 신이 아니라구요.

두 눈에 눈물이 가득 고인 헬렌을 향해 미안하다고 말하는 그에게서 인간적인 고뇌가 느껴진다. 그는 마이럭 박사의 영웅 심리와 인간의 한계를 넘어선 욕심의 뿌리를 정확히 꼬집고 있다. 마비환자로 살아가는 사람들의 고통과 간절한 소망이야 이루 말할 수 없이 동정이 가고 충분히 공감할 수 있는 부분이지만, 그렇다고 해서 사회적 약자들의 희생을 담보로 그 소망을 이룬다는 것은 결코 용납될 수 없는 일이다. 그야말로 생명윤리의 전도사라도 되는 양 마이럭 박사의 회유를 분연히 거부하는 그의 태도에 박수라도 치고 싶다.

11

아일랜드
The Island

주제 : 인간복제

_ 2005 | 미국 | SF, 드라마, 스릴러 | 15세 | 135분

_ 감독 : 마이클 베이(Michel Bay)

_ 출연 : 이완 맥그리거(Ewan Mcgregor)
스칼렛 요한슨(Scalett Johansson)

황우석 사건이 남긴 것

2005년은 우리나라 과학계에서 결코 잊을 수 없는 해로 기억될 것이다. 『사이언스』와 『네이처』 등 세계적인 과학학술지에 논문을 게재하며 국민 영웅 대접을 받던 황우석 박사가 희대의 사기꾼으로 추락한 해이기 때문이다. 당시 그의 인기는 가히 종교적이라 할 만큼 광적이어서, 지금도 그의 연구 재개를 기원하는 현수막을 심심찮게 보게 된다. 과학이 주술적 신비와 결합되면 얼마나 위험할 수 있는가를 깨닫게 해주는 모범적인 실례가 아닐 수 없다.

그의 연구가 무엇이었나? 1999년 영롱이와 황진이 등 복제소를 만들어 내는 데 성공함으로써 그는 명실상부 우리나라를 대표하는 생명과학자(사실은 복제기술자)로 등극했다. 그렇게 만든 복제소를 어디에 쓸 것인지, 복제기술의 핵심인 체세포 핵이식 기술로 소나 돼지를 만든다는 것이 아직까지는 로또에 당첨될 확률만큼이나 어려운 현실에서 복제소를 대량생산한다는 게 가당치나 한 일일지, 설사 복제기술이 안정화되어 복제소의 대량생산이 가능케 된다 해도 유전자 변형 농산물GMO을 마다하고 가급적 유기농산물을 사먹으려 하는 똑똑한 소비자들의 구매 욕구를 어떻게 만족시킨단 말인지, 그건 그렇고 복제소를 만드는 데 들어가는 전문 연구자들의 연구비와 인건비를 고려한다면 복제소고기 가격이 과연 일반 한우보다 낮게 매겨질 수 있을 것인지 등등의 복잡한 문제들을 따져 묻는 언론과 대중은 별로 없었다. 업적주의와 영웅주의에 단단히 고착된 우리 사회는 그저 '해냈다'는 한 가지 사실만으로 그에게 열광했다.

2004년 2월 13일, 황우석 박사가 '세계 최초'로 체세포 핵이식 기술을 이용해 인간복제배아로부터 줄기세포를 추출하는 데 성공했다는 논문을 『사이언스』에 발표했을 때도 대다수 국민들의 반응은 한결같았다. 한국 과학계의 쾌거라느니 그를 노벨상 후보로 밀어야 한다느니 하는 여론몰이에 휩쓸려, 감히 문제제기를 하는 사람은 매국노로 매도당할 기세였다. 이듬해 그는 6월 17일 『사이언스』에 실린 표지논문에서 드디어 '환자 맞춤형 줄기세포'를 만들었다고 발표함으로써 그야말로 난치병 환자들의 구세주가 되었다. 그로부터 넉 달 가량 지나, 당시 그가 재직하고 있던 서울대학교에서는 의과 대학 안에 줄기세포 허브를 설립하여 난치병 환자들의 접수를 받기 시작했다. 언론은 그의 연구가 2015년 기준 연간 6조원에서 최대 33조원에 이르는 경제효과를 낼 수 있다고 부풀려 선전했다. 모두들 희망에 부풀어 '바이오 코리아'Bio-Korea를 외치던 게 바로 그 무렵 일이다.

그러나 거품은 이내 꺼지고야 말았다. 그해 11월 원숭이 복제의 권위자인 제럴드 섀튼 교수가 황 박사와 결별을 선언하고, 얼마 못가 노성일 미즈메디 병원 이사장이 난자 매매의 의혹을 제기한 데 이어, MBC 〈PD 수첩〉과 브릭Bric 등 인터넷 사이트의 소장 과학도들의 문제제기가 속속 이어졌다. 서울대 조사위원회의 최종 발표가 있은 2006년 1월 10일, 소위 황우석 사건은 치명적인 과학적 부정행위scientific misconduct라는 오명을 쓴 채 마침내 갈무리되었다. 같은 날, 『사이언스』는 그의 2004년과 2005년도 논문 인정을 모두 취소하였다.

황우석 사건의 핵심은 단순히 그가 체세포 핵이식 기술에 의한 인간배아줄기세포를 만들지 못했다는 데 있다기보다는 연구 결과를 보고하면서 과학적 부정행위를 저질렀다는 데 있다. 과학에서의 거짓 연구 결과는 전 세계의 모든 과학자를 우롱하고 후배 과학자들과 학생들의 교육에 가공할 영향을 미치며 그와 관련된 산업에도 파급 효과가 크기 때문에, 과학 연구에서의 진실성integrity 확보야말로 과학자 개인의 양심을 넘어 과학계 전체가 준수해야할 책무로 인지되고 있는 실정이다.

오히려 이 기회에 난치병 치료도 좋지만, 배아줄기세포에 이용되는 배아가 과연 인간인가, 아니면 영국의 워녹 위원회Warnock Committee가 제안한 대로 단순한 세포 덩어리에 불과한 것인가, 배아줄기세포를 확립하는 기술이 안정화되어 실제 치료의 길이 열린다면 그 수혜자는 과연 누가 될 것인가, 누구나 치료받을 수 있는 게 아니라면 그런 기술의 발전은 결국 사회 양극화를 촉진하게 되지 않을까, 등등의 질문부터 차근차근 성찰해보는 편이 훨씬 이로울 것이다. 윤리 없는 기술은 결국 우리 모두를 혼란과 재앙으로 이끌 뿐이라는 깨달음이 필요한 시점이다.

우리가 원하는 것은 그들도 원한다

영화 〈아일랜드〉는 2004년 가을부터 촬영에 들어가 2005년 여름에 개봉되었다. 원작에는 시대배경이 2050년경으로 설정되어 있었으나, 황우석 박사의 논문 발표 소식을 접한 제작진이 서둘러 2019년으로 조정하였다고 한다. 제작자 월터 파크스의 인터뷰를 인용해보자.

"실제로 처음 이 영화를 구상했을 때는 미래를 배경으로 한 SF 영화였으나 한국에서 인간의 배아줄기세포 복제에 성공해 허구가 아닌 사실이 되었다."

요컨대 인간복제가 현실화를 넘어 상용화될 날이 머지않았다고 판단한 것이다. 과연 그럴 까? 제작진의 예측대로 인간복제가 정말 이루어질까? 미국경제동향재단의 설립자이자 미래학자요 저널리스트인 제레미 리프킨은, 앤드류 킴브렐의 『휴먼 보디숍: 생명의 엔지니어링과 마케팅』 김동광 · 과학세대 공역, 김영사, 1995을 추천하는 글에서, 복제양 돌리 출현 이후에 인간복제 문제가 본격적인 대중적 담론으로 자리 잡음에 따라 사람들의 물음도 '어떻게 그런 일이?'에서 '언제쯤 그런 일이?'로 슬슬 바뀌고 있다고 꼬집었다. 복제에 대한 인간의 호기심과 욕망을 정확히 지적한 말이리라. 그렇다면 도대체 왜 인간은 자기를 복제하고픈 것일까?

〈아일랜드〉는 인간이 복제인간을 만드는 이유가 지독하리만치 실용적인 데 있다고 고발한다. 즉 인간은 다른 이유 때문이 아니고 순전히 장기이식용이나 대리모 출산용으로 복제인간을 필요로 한다는 것이다. 십 여 년 전 〈멀티플리시티〉Multiplicity, 1996에서 주인공 덕(마이클 키튼 역)이 직장생활과 가정생활 모두를 완벽하게 잘 해내고 싶은 소박한 욕구를 안고 유전공학자를 찾았던 것과는 확연히 다른 접근이다. 〈아일랜드〉는 〈멀티플리시티〉보다 훨씬 더 스펙터클한 화면들을 보여주기 때문이 아니라, 바로 이와 같이 인간복제를 원하는 인간의 이기적인 본성을 정확히 묘사하고 있다는 점에서 아주 현실적인 영화라고 생각된다.

때는 2019년 7월 19일, 링컨-6-에코(이완 맥그리거 역)는 악몽을 꾸다가 잠에서 깨어난다. 아름다운 여인과 멋진 배를 타고서 바다 위를 항해하던 중 갑자기 물에 빠지는 꿈이다. 레노바티오renovatio라는 배의 이름까지 선명하게 기억나니, 무슨 조화인지 모르겠다. 난생 처음 보는 단어가 입가를 맴도는 가운데, 천장에 부착된 컴퓨터 화면에서는 '수면장애'가 감지되었다는 메시지와 함께 치유센터로 가보라는 친절한 조언까지 떠오른다. 게다가 8시에 정신 감정을 받기로 예약되어 있다는 것까지 알려주는 것을 보니, 아마도 잠자리에서 눈을 뜨는 대로 그 날 하루 일정을 확인할 수 있게끔 되어 있는 모양이다.

화장실에 가서 소변을 보는 동안에도 바로 눈높이에 부착된 컴퓨터 화면은 쉬지 않고 메시지를 전달한다. '나트륨 과다 검출', '영양분 조절 권장' 등 소변검사 결과가 곧바로 화면에 뜨는 것이다. 입었던 옷을 세탁통에 넣으니 세탁물의 오염도가 85%라는 음성메시지가 나온다. 옷을 갈아입으려고 옷장 문을 열면 누군가 깨끗이 세탁해서 가져다놓은 운동화와 유니폼이 보기 좋게 정리되어 있다. 이쯤 되면 특급호텔이 부럽지 않은 서비스다.

그런데 어찌된 일인지 운동화 한 짝이 보이지 않는다. 갑자기 짜증이 난 링컨-6-에코는 옷장 위에 부착된 스피커폰에다 대고 이 사실을 말한다. 그러면서 덧붙이는 말, "옷도 딴 색깔로 바꿔줘요" 한다. 왜 만날 흰 옷만 입어야 하는지, 게다가 왜 남들과 똑같은 옷을 입어야 하는지 의문이 든 것이다.

사실인즉, 그는 복제인간이다. 메릭 박사가 세운 인간복제 전문 회사 '메릭 바이오테크'사의 소위 '차세대 과학'이 만든 '클론 제품'clone product 중 하나다. 메릭 박사의 설명에 의하면, 인간은 복잡한 유기체로 30억 년간 진화를 거듭해왔지만, 한 가지 크나큰 결점만은 극복할 수 없었다. 모든 기계처럼 인간의 몸도 닳기 때문에 많이 쓰면 고장(질병)이 나고 마침내 폐기(죽음)된다는 사실이다. 영화에서 메릭 박사는 바로 이 문제를 해결하고 인간에게 영생을 선물해준 신적 존재처럼 등장한다. 이 회사 지하실에서 일하는 기술자 맥코드와 사설 경호대장 알버트 로렌토의 입을 빌자면, 그는 과학자라기보다는 '하느님 콤플렉스'God-complex에 걸린 환자란다.

복제양 돌리의 경우에서 보듯이, 현재의 생명복제기술은 복제하려는 동물의 나이와 상관없이 태어나는 동물은 모두 신생아 단계를 거쳐야 한다. 6세 된 도싯 종 암양을 복제했다고 하여 돌리가 태어나면서부터 이미 6세의 외양을 갖출 수는 없는 노릇이다. 물론 유전자만 비교해보면, 둘은 완벽히 일란성 쌍둥이라고 말할 수 있을 것이다. 하지만 생긴 모양으로는, 한쪽은 엄연히 엄마고 다른 쪽은 아기이기 때문에 영락없이 모녀지간으로 보인다. 복제동물이라고 해도 자라는 속도를 빠르게 조절할 수는 없다는 뜻이다.

장기이식용으로 인간을 복제할 경우, 이 문제는 실용성에 심각한 제약이 될 터이다. 복제인간이 다 자라기도 전에 노화로 죽을 확률이 더 클 수도 있다. 메릭 바이오테크사가 말하는 차세대 과학이란 바로 이 점을 개선했다는 뜻이다. 이 회사가 만드는 클론은 처음부터 고객과 같은 나이의 성인으로 배양되어 12개월 후면 이용 가능한 '상품'이 된다. 메릭 박사는 혹시 이 '제품'을 고객들이 자기와 동일한 '인간'으로 인식할까봐 한마디 덧붙이는 것을 잊지 않는다. 2015년 개정된 우생관련법eugenics law에 따라 복제인간은 모두 영구식물인간 상태로 배양되므로, 의식이 없고, 생각도 못하며, 고통이나 사랑, 증오 따위의 감정도 전혀 느끼지 못한다는 것이다. 그(것)들은 어디까지나 제품이지, 인간이 아니라고 그는 강조한다. 따라서 인간은 어떠한 양심의 가책이나 죄의식 없이 마음대로 상품을 구매하여 이용하고 폐기해도 괜찮다는 것이다.

그런데 메릭 박사가 상품의 질을 높이기 위해 우생관련법을 어기면서 문제가 꼬이기 시작했다. 생각과 감정을 제거한 식물인간 상태로는 장기가 제 기능을 못하는 등 부작용이 많았다는 것이다. 그래서 메릭 박사는 클론들에게 이를테면 우정 같은 감정은 허용하고 다만 섹스라든가 보다 복잡한 감정을 완전히 거세하여 대략 15세 정도의 지능 수준을 가진 인간이 되도록 관리했다. 그러나 아무리 엄격한 통제를 한다고 해도 빈틈은 반드시 있기 마련 아닌가? 자기 옷과 신발에, 자기가 먹는 음식에, 또 각종 규제들에 사사건건 반발하고 의심을 품는 링컨-6-에코가 그렇다. 그는 메릭 바이오테크의 전체 시스템과 그 시스템을 떠받치는 형이상학적 전제를 일거에 붕괴시킬 만한 위력을 가진 빈틈이다. 왜냐하면 정해진 틀에 의심을 품고 저항하면서 자신의 존재 방식과 근원에 대해 사유할 능력이 있는 존재는 더 이상 제품이 아니라 인간이기 때문이다. 그리고 인간이 다른 인간을 순수하게 목적이 아니라 단지 수단으로서만 이용하는 행위는 기필코 일어나서는 안 되는 인간 사회의 마지막 도덕적 보루인 까닭이다.

물론 링컨-6-에코는 자기가 복제인간이라는 것을 까마득히 알지 못한다. 그도 동료들처럼 수태(생산) 과정에서 세뇌당하여, 자기가 그저 지구 대오염이라는 거대한 재앙으로부터 운 좋게 살아남은 최후 생존자들 중 하나라고 믿고 있다. 외부 오염에 대비하여 일체의 바깥출입이 불허된 채 철저히 감금 생활을 하는 복제인간들은 '아일랜드'라 불리는 지상낙원, 곧 지구에서 유일하게 오염되지 않은 섬으로 떠나는 것만이 축복이요 구원이라고 믿는다. 그들에게 아일랜드행 추첨은 천국행 티켓을 거머쥐는 것으로, 마치 로또를 방불케 하는 긴장감과 기대감을 유발한다.

이번에는 스탁웨더-2-델타가 뽑혔다. 그는 평생소원이 마침내 이루어졌다고, 이곳에 온 지 겨우 6개월 만에 뽑혔으니 무슨 복인지 모르겠다고 자랑을 늘어놓는다. 앞으로 자기에게 닥칠 일이 무엇인지, 아일랜드에 간다는 것이 무엇을 뜻하는지 알 턱이 없으므로 나오는 소리다. 같은 날, 링컨은 작업 도중 컴퓨터 고장을 빙자해 지하철로 내려간다. 평소 친하게 지내던 기술자 맥코드를 만나기 위해서다. 그런데 그 음산한 지하실에 어디서 들어왔는지 날벌레 한 마리가 날아다닌다. 바깥 환경이 모두 오염되어 생명체가 더 이상 살 수 없을 정도로 황폐화되었다면 이런 날벌레가 있을 턱이 없는데, 날벌레를 잡아 성냥갑에 넣으면서 링컨의 의심은 증폭되기만 한다. 날벌레는 메릭 박사의 시나리오가

거짓임을 알려주는 그야말로 산 증거인 셈이다.

그 날 밤에도 똑같은 악몽에 시달리다가 잠이 깬 링컨은 몰래 숙소를 빠져 나와 날벌레의 통로를 추적하던 중, 우연히 다른 층에 마련된 수술실을 엿보게 된다. 수술대 위에는 지금쯤 아일랜드에 가 있어야 할 스탁웨더-2-델타가 누워 있다. 그는, 본래 유명한 미식축구 선수 스탁웨더의 복제인간으로, 원본인간에게 간을 제공하기 위해 수술대에 오른 것이다. 수술 도중 개복 상태로 마취가 풀려버린 그는 온갖 수술도구를 주렁주렁 매단 채 수술실을 박차고 뛰쳐나간다. 살을 파고드는 작살총에 맞아 질질 끌려가면서도 살고 싶다고, 살려 달라고 애원하는 그의 절규가 어찌 보면 이 영화에서 가장 중요한 메시지일 것이다. 이어 링컨은 낮에 동료들의 축하 속에 해산하러 들어갔던 리마-1-알파 역시 아기를 낳자마자 아일랜드로 보내지는 대신에 싸늘한 주검으로 돌변하는 현장을 목격하게 된다. 리마는 원본인간의 임신과 출산을 대행해주는 대리모 복제인간이었던 것이다. 현행 동물복제에서 연구에 이용되는 대리모 동물들이 역할을 다함과 동시에 폐기되듯이, 영화에서도 대리모로 이용되는 '여성 제품'female product들은 시스템 보안 및 위생 등을 이유로 제거된다.

이제 아일랜드는 환상이요 기만이었다는 것을 똑똑히 안 이상, 게다가 자기와 특별한 우정을 나누는 사이인 조던-2-델타(스칼렛 요한슨 역)가 아일랜드행 추첨에 뽑힌 이상, 링컨은 주저 없이 탈출을 감행한다. 바깥세상은 오염되어 있기 때문에 위험하다는 시나리오도 다 소용없다.

날벌레가 산다면, 자기들도 살 수 있을 것이다. 의아해하는 조던에게 무조건 믿기만 하라고 다짐하며 링컨은 조던과 함께 달리고 또 달린다. 그리하여 둘은 마침내 출애굽에 성공한다.

앞으로 남은 과제는 이들이 바깥세상에서 살아남는 것이리라. 하지만 그러려면 먼저 메릭 박사가 고용한 사설 경호대 블랙호크부터 따돌리는 일이 급선무다. 링컨과 조던은 우선 맥코드를 찾아간다. 바깥세상에서 비빌 언덕이라고는 그이밖에 없다. 메릭 바이오테크에서 일하는 엘리트 신사들과 달리 후줄근한 노동복 차림의 맥코드는 약간 변태스런 성적 취향에 괴팍한 성격을 가졌지만, 천성만큼은 누구보다 양심적이고 선량하다. 그는 왜 하필이면 자기가 아이들한테 산타클로스가 없다고 말해주는 역할을 도맡아야 하냐고 불편해하면서 링컨과 조던의 정체를 알려준다. 사실상 산타클로스가 없다는 걸 깨닫는 시점이 한 인간의 개인사에서 대단히 중요한 성장의 도약점인 것을 고려한다면, 링컨과 조던에게는 지금이야말로 성숙에로 가는 전환점이 될 터이다.

> 너희는 나와 똑같지 않아. …… 인간이 아니란 말이지. …… 아니, 그러니까, 내 말은 …… 너희가 인간은 맞는데, 진짜는 아니라구. …… 너희는 클론이야.

혼돈과 고뇌의 흔적이 역력한 그의 말에서 복제인간의 정체성에 대한 현인류의 고민이 그대로 겹쳐진다. 복제인간은 인간인가, 아닌가? 맥코드는 적어도 복제인간을 하나의 제품으로 물화物化시킨 메릭 박사의 관점을 공유하고 있지는 않다. 그렇다고 해서 복제인간이 원본인간과 똑같다고 말하지도 않는다. 왜냐하면 적어도 복제인간은 보통 인간이 태어나는 것과 똑같은 방식으로 '출생'하지는 않기 때문이다. 그들은 구매자의 요구에 맞추어 계획적으로 제조된 다음 '출하'된다고 말해야 옳다. 하지만 그런 이유로 그들을 물건처럼 취급할 수는 없다. 존재의 경로야 어떻든 간에, 그들 역시 고유한 생명체로서 나름의 살 권리를 지니고 있다고 보는 입장이 맥코드의 생각을 가장 잘 풀이한 것 같다. 그는 어쩔 수 없이 메릭 바이오테크에 의존해 생계를 이어가고는 있지만, 그 회사가 하는 일에 기본적으로 못마땅해 하는 불순분자처럼 보인다. 어쩌면 자기 월급으로는 평생 모아봤자 클론을 구매할 형편이 못 되는 데 대한 저항 심리인지도 모르겠다. 하여튼 그는 복제인간을 만들어 파는 회사에, 또 복제인간을 배양하여 '출하'시키는 일체의 공정에, 그리고 돈이면 다 된다는 식으로 제 한 몸 보존하려고 안달하는 갑부들의 행태에 혐오감을 느낀다. 이러한 혐오감은 그가 특별히 도덕군자여서가 아니고 링컨과의 지속적인 우정을 통해 싹튼 것이라고 볼 수도 있겠다.

맥코드를 통해 링컨은 비로소 자신의 정체에 눈을 뜬다. 에코 계열 클론은 세상에 나온 지 3년, 델타 계열은 4년 되었다. 자신의 클론을 구매한 주인들은 이들이 살아있다는 사실조차 알지 못한다. 회사 측에서 철저하게 비밀에 부쳤기 때문이다. 왜 그래야 하냐고 묻는 조던의 질문에 맥코드의 대답이 걸작이다. "쇠고기 먹는다고 소를 만나진 않잖아."

맥코드의 헌신적인 도움으로 링컨과 조던은 자기들의 원본인간을 찾아가는 험난한 여정에 돌입한다. 원본인간, 곧 진짜 링컨과 진짜 조던을 만나면 살 길이 있을지도 모른다는 한 가닥 희망을 안고 두 사람은 LA행 기차에 오른다. 이 둘을 도와준 대가로 맥코드는 회사가 보낸 살인청부업자들에게 목숨을 잃는다.

이 영화의 압권 중의 하나는 링컨-6-에코와 톰 링컨이 만나는 장면이다. 우여곡절 끝에 진짜 링컨의 집을 찾아갔더니, 거실에는 꿈에서 늘상 보았던 배 모형이 놓여있다. '레노바티오'라는 선명한 이름과 함께. 라틴어로 이 말은 '부활'을 뜻하는 바, 자동차나 오토바이류 디자이너로 성공한 부자 톰 링컨이 하도 주색잡기에 능하다보니 간이 몹시 상해서 시한부 선고를 받고 난 다음에 붙인 이름이라고 한다. 그러니까 지금 톰의 입장에서는 자기의 유일한 생명줄로서 부활의 소망을 얻기 위해 막대한 금액을 지불하고 주문한 '제품'이 제 발로 공장을 빠져나와 감히(!) 주인과 맞장을 뜨는 어이없는 상황에 놓인 격이다.

톰은, 복제인간을 진짜 인간과 다를 바 없이 사육하는 메릭 바이오테크의 비리를 만천하에 알리고 무고한 복제희생의 희생을 막자고 설득하는 링컨-6-에코의 제안에 순순히 응하는 척 안심시킨다. 그리고는 몰래 회사로 전화를 걸어, 당신들, 제품관리를 도대체 어떻게 하는 거냐고, 지금 내 생명보험 상품이 우리 집 거실 소파를 차지하고 있다고 신고해 버린다. 역시 맥코드의 말대로 인간이란 절대로 믿을 게 못되는 족속인가 보다.

한편 메릭 박사 역시 도주한 링컨과 조던 때문에 골머리를 앓으며 어떻게 해서든 고객들에게 이 비밀이 새나가지 않도록 입단속을 하던 참이다. 링컨의 정신을 감정해본 결과는 참으로 충격적인 것이었다. 링컨이 꿈에서 자주 배를 보는 것은 복제과정에서 원본인간의 기억이 주입되는 시스템 오류가 발생했기 때문이다. 미국 대통령마저 자신의 클론을 만들어 놓은 상황에서, 게다가 비밀리에 1200억 달러에 달하는 국방부 프로젝트 건이 진행되고 있는 마당에 자칫 잘못하다간 회사의 공신력이 떨어져 파산을 당할지도 모른다. 궁지에 몰린 메릭 박사는 경호대장에게 링컨과 조던의 사살을 명령하고, 부하직원에게는 에코 계열 클론들을 모두 폐기처분하도록 지시한다.

방송국을 향해 가던 톰 링컨과 링컨-6-에코는 결국 경호대의 추격에 붙잡히고 만다. 복제인간 링컨은 원본인간이 자기를 배반했음을 뒤늦게 눈치 채지만, 어느새 톰의 손에는 권총이 들려 있다. 앞에서는 경호대장 알버트가 두 사람을 향해 총을 겨눈다. 꼼짝없이 죽게 생긴 이 위기의 상황을 우리의 주인공 링컨-6-에코는 어떻게 헤쳐 나갈 것인가?

놀랍게도 그는 자기가 '차세대 과학'의 위대한 걸작인 '복제인간'인 것을 역이용한다. 즉 알버트마저 두 사람 중에 누가 진짜 링컨인지 알아볼 수 없을 정도로 둘은 완벽하게 닮은꼴인 것이다. 링컨-6-에코는 당차게도 내가 톰 링컨이라고 소리친다. 당황하기는 알버트도, 톰도 마찬가지. 기 막혀 죽겠다는 표정으로 톰은 내가 진짜 사람이라고,

어떻게 이따위 복제인간과 진짜 인간을 몰라볼 수가 있냐는 투로 알버트를 향해 소리 지른다. 알버트의 총구가 두 사람 중에 누굴 겨누어야 하는지 몰라 왔다갔다하는 사이, 눈치 빠른 링컨-6-에코는 톰 링컨의 손목에 얼른 팔찌를 채워버린다. 복제인간과 진짜 인간을 구분하는 유일한 표식이 그 팔찌밖에 없는 상황에서 알버트의 총알은 당연히 톰 링컨을 향해 날아간다. 영화의 대미는 이렇게 순발력과 재치로 살아남은 링컨-6-에코가 동료들을 구하기 위해 다시 회사로 들어가면서부터 벌어지는 역전의 드라마로 장식된다.

그럼 조던-2-델타는 어찌 되었나? 톰 링컨과의 첫 대면에서 이 남자의 눈길이 심상치 않다 했더니, 아니나 다를까, 조던-2-델타의 원본인간인 새라 조던은 유명한 톱모델로 뭇남성의 연인이었던 거다. 그런 그가 지금은 교통사고를 당해 사경을 헤매는 중이란다. 서너 살 먹은 꼬마 아들까지 두고 있어서 형편은 무지 딱하지만, 그렇다고 조던-2-델타로서는 덜컥 장기를 내어줄 수도 없는 노릇이다. 링컨-6-에코가 우여곡절 끝에 메릭 바이오테크로 잠입하는 데 성공하는 사이, 조던-2-델타는 앞서 맥코드가 준 신용카드를 일부러 사용함으로써 알버트에게 생포되어 회사로 끌려간다. 그리고는 극적인 순간 마음을 돌이킨 알버트의 도움으로 에코 계열 클론들의 죽음을 막고, 이들을 구출하는 데 앞장선다.

이제까지 시종일관 피도 눈물도 없을 것처럼 냉정한 표정으로 임무수행에만 매진하던 알버트의 캐릭터가 입체적으로 부각되는 시점이 바로 이 대목이다. 지금 회사 안에 들어와 있는 링컨이 복제인간일 것이라고는 꿈에도 생각지 못하는 메릭 박사로서는 조던-2-델타까지 잡아온 알버트에게 돈만 지불해주면 끝이다. 알버트는 조던의 운명이 어찌 되냐고 묻는다. 원본인간 새라는 이미 뇌손상이 극심해 장기이식수술을 하더라도 살아날 가망이 전혀 없는 상태다. 그래서 사실상 조던-2-델타는 무용지물이 된 셈인데도, 회사 측에서는 고객과의 약속이라며 그를 폐기해야 한다는 것이다. 그야말로 인정머리라고는 눈곱만큼도 없는 메릭 박사의 비인간적인 태도에 환멸을 느낀 알버트가 그의 뒤통수에 대고 쏘아붙인다.

> 혁명에 동참했던 아버지가 죽자 사람들이 내 손에 낙인을 찍었소. 평생 인간 취급 못 받고 살라고. …… 이 바닥에서 깨달은 건, 전쟁도 사업이란 거요. …… 살인이 당신 사업이오?

여기서 말하는 혁명이 뭘 말하는지는 구체적으로 알 수 없지만, 알버트가 흑인인 점으로 미루어, 그리고 말이 좋아 사설경호대지 사실은 살인청부업에 종사하고 있는 점으로 미루어, 이 영화는 고질적인 미국 내 흑백갈등을 살짝 고발하고 싶은지도 모른다. 혁명이란 어쩌면 흑인민권투쟁일 것이다. 지난한 흑인해방운동의 결과로 표면상의 흑인차별은 사라진 것처럼 보이지만, 사실상 눈부신 생명공학 시대에도 여전히 흑인들은 사회 상층부로 진출하지 못한 채 부유한 백인들의 노예처럼 부려지고 있는 상황을 '낙인'에 비유한 것이 아닐까 추측해 본다. 아무튼 알버트의 말에 빈정이 상했는지, 메릭 박사가 흥분하며 대답한다.

(내 사업은) 그 이상이지. 나는 과학의 오랜 숙원을 풀었어. 생명의 창조! 클론들은 도구일 뿐이야. 영혼이 없는! 이 분야의 가능성은 무궁무진해. 앞으로 2년이면 백혈병도 정복한다구. 그럴 사람이 몇이나 되겠어?

알버트가 빈정거리듯 야릇한 미소를 띠며 대꾸한다. "신과 당신뿐이겠지. 이 말이 듣고 싶었던 것 아니오?" 그는 신처럼 전능해지고 싶은, 이미 신의 손아귀에 있는 생명의 책을 훔쳤다고 자부하는 메릭 박사의 속내를 정확히 꿰뚫고 있었던 것이다.

메릭 박사는 결국, 자기가 창조한 복제인간 링컨-6-에코가 회사 전체 시스템을 유지하는 데 중추적인 역할을 하는 홀로그램 전력 장치를 파괴하는 것을 막으려고 뒤엉켜 싸우다가 목숨을 잃는다. "내가 너를 만들었으니, 없앨 수도 있다"고 호기롭게 링컨을 공격하던 그가 허망하게 회사와 더불어 자멸하는 모습은 비단 영화상의 설정을 넘어 보편적인 인간 탐욕에 대한 경고 같아서 보는 이로 하여금 소름이 돋게 한다. 이로써 '하느님처럼 되고자 한' 메릭 박사의 야망이 낳은 거대기업 메릭 바이오테크는 마치 구약성서에 나오는 바벨탑이 무너지듯 처참히 해체되고야 만다.

영화는 막을 내리고, 잘 생긴 주인공들은 살아서 뜨거운 입맞춤으로 관객에게 마지막 기쁨을 선사해주고 있지만, 마음은 영 개운치가 않다. 어째서 인간은 이토록 이기적이고 어리석게도 스스로 멸망을 자초하는지, 어째서 이런 류의 영화를 볼 때마다 복제인간이 더 인간답고 인간은 비인간적으로 느껴지는지 참 알다가도 모를 노릇이다. (하기야 인간/비인간의 구분이란 것도 인간이 만든 일방적인 잣대로서 매우 오만한 편견의 산물인 것을 인정해야 하지만 말이다.) 설사 머지않은 장래에 인간의 기술력이 향상되어 정말로 영화에서처럼 완전하게 인간을 복제해낼 수 있는 수준에까지 도달한다고 해도, 인간의 도덕성이 기술발전을 뒷받침하지 못한다면, 기술이 곧 재앙이 될 것은 뻔한 수순일 것이다. 프로메테우스 신화가 우리에게 전해주는 깨달음도 바로 이것이 아니던가?

〈아일랜드〉는 이미 인간복제라고 하는 기술적 트랙에 발을 들여놓은 우리가 앞으로도 계속 그 길로 달려갈 것인가 다시 한 번 되묻는다. 인간이 스스로의 인간성에 대한 깊이 있는 성찰과 반성이 없는 한, 그리고 지금의 사회가 보다 정의롭고 평등한 사회 시스템으로 재편되지 않는 한, 성급한 기술 도입은 멸망의 지름길이라는 것을 영화는 준엄하게 깨우쳐준다. 그러니 지금 우리가 진지하게 물어야 하는 물음은 '어떻게' 복제인간을 만들 것인가가 아니라, '왜' 복제인간을 만들고자 하는가라는 근본적인 물음일 것이다.

12

가타카
GATTACA

주제 : 인간복제

_ 1998년 | 미국 | SF | 12세 | 108분

_ 감독 : 앤드류 니콜 (Andrew Niccol)

_ 출연 : 우마 서먼(Uma Thurman)
에단 호크(Ehtan Hawks)

인간유전체계획

20세기 과학의 특징은 한마디로 거대과학big science이다. 과학자 개인이 연구실에 틀어박혀 홀로 실험에 몰두하는 형태의 연구가 아니라, 수많은 과학자 · 기술자 · 연구기관들이 공조하여 대규모 연구에 착수한다. 대표적인 예로 맨해튼 프로젝트와 아폴로 프로젝트를 들 수 있다. 앞의 것은 2차 세계대전 중에 미국의 루즈벨트 대통령이 물리학자 아인슈타인의 권유를 받아들여 추진하였던 원자폭탄 제조 계획이고, 뒤의 것은 전후 미국의 케네디 대통령이 '1960년대가 끝날 때까지는 인간을 달에 착륙시켰다가 무사히 귀환시키는 목표를 달성하고 싶다'고 하여 시작된 우주탐사 계획이다. 맨해튼 프로젝트의 결과로, 1945년 8월 일본의 히로시마와 나가사키 두 곳에 원자폭탄이 투하되어 마침내 수많은 사상자를 내고 2차 대전이 끝난 것은 너무나 잘 알려진 사실이다. 또한 1969년 7월 20일에는 아폴로 11호가 마침내 달 착륙에 성공해, 인류 역사상 최초로 달에 첫 발자국을 남긴 사람으로 닐 암스트롱의 이름이 기록된 것 역시 매우 유명한 이야기다.

이렇듯 20세기 과학이 대규모 프로젝트 형태를 띠고 발전해 가다가 그 외연을 더욱 넓혀 무려 16개국 과학자들이 총출동하여 참여하는 형태의 초국가적 · 범세계적 프로젝트가 된 것이 바로 인간유전체계획Human Genome Project이다. 이 프로젝트는 1990년 미국의 주도 하에 영국, 프랑스, 일본 등 다국적 과학기술자들이 국제 컨소시엄을 구성해 2005년까지 인간 게놈을 구성하는 30억 쌍의 염기서열을 분석하여

지도로 만든다는 목표로 진행된 대단위 계획이었다. 그런데 민간기업인 셀레라 제노믹스Celera Genomics가 후발주자로 이 분야에 뛰어들면서 놀라운 속도로 연구 성과를 내자, 결국 국제 컨소시엄 팀과 셀레라 제노믹스사가 공동연구에 착수하게 되면서, 당초 예상보다 이른 2003년 4월 14일, 마침내 인간 유전자 배열의 99%를 99.9%의 정확도로 밝혀낸 지도의 완성판이 공개되기에 이른 것이다.

이처럼 지도 완성에 혁혁한 공을 세운 셀레라 제노믹스사의 당시 회장 크레이그 벤터J. Craig Venter는 2002년에 BBC방송과 가진 인터뷰에서, 개인의 유전자 정보를 디스켓에 담아 판매하는 새로운 사업을 시작했다고 발표한 바 있다. 그는 71만 2천 달러를 내는 사람에게는 약 1주일 만에 개인의 유전자 정보를 디스켓에 담아 제공할 계획이라고 말하면서, "앞으로 10년 이내에 부모들은 아기가 병원을 떠나기도 전에 자신들의 유전자 암호를 CD에 담아 가지게 될 것"이라고 장담했다동아일보, 2002. 10. 4.. 이같이 빠른 속도의 유전자 지도 작성 작업이 가능한 것은 로봇 과학과 컴퓨터 과학의 뒷받침 때문이다. 그는 기술이 계속 발전하면, 개인의 유전자 정보를 판독하는 속도도 더욱 빨라질 것이고, 그 비용도 현격히 떨어질 것이라고 내다보았다. 이러한 서비스는 사람들로 하여금 자기 생명에 대해 더욱 강한 통제력을 갖게 해 줄 것이라고 그는 장담한다. 출생 시 적은 돈을 투자함으로써 각 개인에게 나타날 위험을 사전에 미리 알고 있으면 나중에 많은 돈과 시간을 요하는 치료를 받지 않아도 되는 경제적 이득이 있다는 것이다.

과연 그럴까? 태어나면서부터 지능이나 성격, 질병 유무, 기대 수명 등을 정확히 아는 것이 인생을 더욱 풍요롭게 만드는 데 도움이 될까? 부모에게는 자신의 자녀에 관한 모든 것을 미리 알 권리가 과연 있는 것일까? 유전자 검사 기술이 날로 발전해, 점점 더 낮은 비용으로 아무나 쉽게 이용할 수 있게 된다면, 그것은 인류에게 은총일까, 재앙일까?

태초에 유전자가 있었다?

남녀가 성행위를 통해서 아이를 가지는 일은 여러 모로 모험적인 기획이다. 남성의 생식세포(정자)에 저장된 유전정보와 여성의 생식세포(난자)에 저장된 유전정보는 각각 도서관을 차릴 만큼 방대한 양의 책에 비유될 수 있다. 그러니 그 가운데 어떤 정보가 자녀에게 전달될는지 누가 알겠는가? 운이 좋으면 부모의 우수한 형질만 쏙 빼박은 '바람직한 아이'desirable baby가 나올 수도 있고, 운이 나쁘면 고약한 성질만 골라 모은 '바람직하지 않은 아이'undesirable baby가 나올 수도 있다. 생명의 잉태와 출생의 전 과정이 이렇듯 가슴 졸이는 신비의 영역에 속하는 까닭은 생명 자체가 지닌 속성, 곧 예측 불가능성에 기인한다.

그런데 '가까운 미래의 어느 날', 생명이 더 이상 신비의 영역에 머물지 않고 인간이 결정할 수 있으며 예측할 수 있는 사실의 영역으로 넘어온다면 어떻게 될까? 부모가 원하는 유전자만 쏙쏙 골라서 자녀에게 전달할 수 있는 맞춤아기 제조기술이 등장한다면 어떨까? 여전히 삼신할미가 점지해주는 대로 낳는 쪽을 선호할 것인가? 아니면 그런 불확실한 모험에 운을 걸기보다는 안전하고 효율적인 길을 택하는 쪽이 훨씬 더 부모노릇에 충실한 일로 인식될까? 영화 〈가타카〉는 바로 이 질문을 화두로 삼고 우리를 생명의 신비에 대한 깊은 명상에로 초대한다.

공교롭게도 복제양 돌리의 소식으로 전 세계가 뜨겁게 달구어졌던 1997년에 만들어져 이듬해 개봉된 영화 〈가타카〉는 앤드류 니콜 감독이 각본을 쓰고 연출한 데뷔작이다. 이후 그는 〈시몬〉2002이라는 작품을 통해 다시 한 번 기술문명과 인간의 욕망이라는 주제를 재기 넘치게 풀어낸다. 〈가타카〉는 많은 점에서 헉슬리의 『멋진 신세계』를 연상케 하는데, 가령 '제8일'the Eighth Day이라는 이름의 태아 공장(태아를 유전적으로 가공 처리하는 연구실 내지 실험실)에서 아이를 인공수정하는 것이 그 예이다. 이 설비가 조금 더 진척되고 사회가 전체주의화되면 '제8일'같은 태아공장은 『멋진 신세계』의 중앙통제적인 '인공부화국'으로 변모할 지도 모른다.

〈가타카〉의 주인공 빈센트(에단 호크 역)는 부모의 성행위라는 고전적인 방식을 통해 태어난 '신의 아이'이다. 태어나면서 피 한 방울을 통해 알려진 유전정보에 따르면, 그는 신경계 질환 가능성 60%, 우울증 가능성 42%, 집중력 장애 가능성 89%, 심장질환 가능성 99%로 조기 사망이 우려되며, 예상 수명은 30.2세로 집계된다. 부모의 표정이 어두워지는 것은 당연지사. 빈센트는 만성 질병을 안고 사는 데다 조그만 상처에도 죽을 수 있기 때문에 일찌감치 보험회사로부터 차별을 받는다. 이런 빈센트에게 죄책감을 느끼며 자신들의 선택을 후회하던 부모는 둘째만큼은 '제8일'에 가서 유전공학자의 조언에 따라 맞춤아기를 낳기로 한다.

유전공학자 : (자신 있는 목소리로) 갈색 눈, 검은 머리, 하얀 피부입니다. 나쁜 인자들은 모두 제거했습니다. 조기 탈모, 근시, 알코올 중독, 약물중독, 폭력 성향, 비만 …….

어머니 : (주저하며) 질병을 원하지는 않지만…….

아버지 : (눈치보며) 몇 가지는 남겨놓아도 좋지 않을까요?

유전공학자 : (말을 가로막으며) 아이에게 최상의 조건을 주어야 하지요, 우리는 불완전하지만. 아이에게 부담을 줄 수는 없어요. 아이가 여전히 당신을 빼 닮게 될 것이란 점을 잊지 마세요. 좋은 점만요. 천 번 자연임신해도 이런 아이는 절대 못 가져요.

첫 아이에서 불운과 실패를 맛본 부모는 두 번째 아이에서 이를 만회하기 위해 계획적으로 인공수정을 하고, 마침내 '완벽한 아이' 안톤(로렌 딘 역)을 낳게 된다. 유전적으로 우월한 사람이 사회의 상층부를 차지하게 되는 유전자 결정론적 사회에서 이들 부부는 안톤에게 일찌감치 성공과 출세라는 선물을 제공한 셈이다.

한편 축복받지 못한 '신의 아이' 빈센트는 동생보다 훨씬 뒤떨어지는 신체적 조건을 가졌음에도 불구하고 감히(!) 우주비행사가 되는 꿈을 꾼다. 그는 자신이 타고 난 유전적인 성향 때문에 꿈을 이루는 것이 불가능하다는 사회적 통념을 받아들이지 않는다. 부모가 아무리 말려도,

동생이 아무리 비웃어도, 그의 손에서는 천문학 책이 떠나지를 않는다. 하지만 현실은 잔인한 법. 선천적으로 심장이 약한 그는 동생과의 수영 시합에서 도무지 이기지를 못한다. 우주비행사의 꿈을 이루려면 가타카에 들어가서 훈련을 받아야 하지만, 그가 가진 유전자 정보로는 언제나 '부적격자'invalid 판정이 내려질 뿐이다. 아버지의 말대로 그가 가타카에 들어가는 유일한 방법은 정녕 청소부가 되는 길밖에 없는 것일까?

빈센트는 일단 청소부가 되어 가타카에 입성한다. 청소 일을 하는 한편으로, 체력단련과 공부를 게을리 하지 않는 빈센트였지만, 그러나 우주비행사 자격시험에서 그는 번번이 탈락의 고배를 마시게 된다. 가타카는 DNA를 구성하는 네 가지 염기인 아데닌Adenine, 구아닌Guanine, 티민Thymine, 시토신Cytocine의 합성어답게, 유전적으로 우수한 엘리트들에게만 기회를 주는 철저히 배타적인 영역이었던 것이다.

빈센트는 드디어 결단을 내린다. 유전자 결정론과의 정면 승부이다. 가짜 유전자 신분증명서를 만들어 파는 암거래상 게르만을 통해 제롬(주드 로 역)을 알게 된 빈센트는 제롬과의 거래를 통해 이때부터 본격적으로 제롬 행세를 하게 된다. 한때 뛰어난 운동선수였지만 사고로 하반신 마비가 된 제롬은 선천적으로 유전자 등급이 매우 우세한 계층에 속하기 때문에, 그의 신분 정도면 우주비행사가 되고도 남는다. 빈센트는 우선 제롬과 똑같이 키를 맞추기 위해 다리를 늘리는 고통스러운 수술도 마다하지 않는다. 그리고 제롬의 타액과 혈액, 소변, 머리카락 등을 항시 휴대하고 다니며 결정적인 순간마다 제롬으로 위장하기 위해 눈물

겨운 노력을 한다. 이렇게 해서 마침내 가타카의 우주비행사로 무난히 취업한 빈센트는 토성행 우주비행사 후보가 되는 데 성공한다.

제롬-빈센트는 이제 가타카에서 가장 촉망 받는 우수한 인재로 급부상하는데, 이런 그에게 아이린(우마 서먼 역)이 다가온다. 완벽해 보이는 겉모습과 달리 아이린은 우주비행사가 되기에 약간 모자란 유전적 소인 때문에 일찌감치 우주비행의 꿈을 포기한 인물이다. 이런 아이린에게서 우리는 '자기 충족적인 예언self-fulfilling prophecy'이 성취되고 있는 것을 보게 된다. 나는 될 수 없어, 라고 지레 짐작하면 실제로 될 수 없게 되어버린다. 자기 충족적인 예언에 빠진다는 것은 이미 결정론의 포로가 되었다는 뜻이다. 아이린은 그런 자기와 달리 결정론에 사로잡히지 않고 매순간 자유롭게 선택하며 진취적으로 행동하는 빈센트에게서 호감을 느낀다.

그런데 빈센트의 토성 비행을 일주일 앞두고, 가타카의 감독관이 살해당하는 엉뚱한 사건이 일어난다. 빈센트는 경찰이 된 동생 안톤에게 신분이 발각될 위기에 놓이고, 살인사건의 용의자로 지목되기까지 한다. 설상가상으로 아이린마저 빈센트의 신분을 알아차린다. 빈센트는 과연 무사히 토성으로 떠날 수 있을까?

결정론 대 자유의지론

전반적으로 〈가타카〉는 인간이 유전자에 얽매여 있는 존재인가, 아니면 자기 초월적인 존재인가라는 근원적인 질문을 던진다. 널리 알려진

대로, 리처드 도킨스Richard Dawkins 같은 생물학자는 철저하고도 엄격한 결정론적 입장을 고수하는 인물이다. 도킨스는 『이기적 유전자』홍영남 역, 을유문화사, 1993에서, 생명체는 다만 유전자의 자기 보존을 위한 도구로서 숙주처럼 이용될 뿐이라고 썼다. 즉 인간은 유전자의 생존 기계survival machine요 운반자로 정의된다. 생명의 역사에서 참된 주인공은 개별 생명체도, 그 집단도 아니고, 생명체가 소멸하더라도 여전히 존속하는 유전자라는 것이다. 진화는 사실상 유전자가 세대를 거쳐 계속 살아남기 위해 고안해낸 방법으로서, 유전자는 자신의 불멸성을 확보할 수만 있다면 그 어떤 술책도 마다하지 않기 때문에 본성상 이기적이라고 한다. 협동이나 희생 등 이타적으로 보이는 생명체의 속성까지도 따지고 보면 이기적인 유전자의 생존 전략이다. 더 나아가 유전자gene로 설명하기 어려운 종교 등의 문화현상은 '밈'meme이라는 신종 자기 복제자의 산물로 설명된다. 유전자가 유전자 풀gene pool 내에서 번식함에 있어 정자와 난자를 운반체로 하여 몸에서 몸으로 이동/복제하는 것과 같이, 밈 역시 밈 풀meme pool 내에서 번식할 때 '모방'이라 부를 만한 과정을 통해 뇌에서 뇌로 전파/복제된다. 도킨스에게 우주는 그 근저에 어떤 계획이나 의도도 없이 맹목적으로 존재할 뿐이며, 이기적인 유전자의 무자비한 각축장에 지나지 않는다. DNA는 자신의 존재 이유를 알지도 못하고, 또 그것에 신경 쓰지도 않는다. 우리는 그저 DNA가 연주하는 음악에 맞춰 춤을 추면 그만이다.

그런데 〈가타카〉는 이런 엄격한 결정론을 느슨하게 풀어헤친다.

인간은 그의 유전자 이상의 존재라는 것이다. 유전자가 인간에 대해 많은 정보를 알려주는 것은 사실이지만, 그렇다고 해서 개인과 그의 유전자를 동일시할 수는 없다. 예를 들어 눈동자나 머리카락 색깔 같은 것은 부모가 물려준 유전자에 따라 결정되므로 숙명적이라고 할 것이다. 하지만 키나 몸무게는 유전적인 요인보다도 자라면서 영양 섭취가 제대로 이루어졌는가의 여부에 크게 좌우된다. 지능이나 적성도 마찬가지다. 다양한 외부 자극과 접하면서 개인이 스스로 문제를 해결해나가는 동안에 지능도 높아지고, 적성도 개발되는 것이다. 심지어 현대인이 잘 걸리는 암이나 치매 같은 병도 단일 유전자 질환이 아니라, 여러 유전자의 공동 작용으로 발생하며, 특히 식생활과 운동, 스트레스 등 환경이 매우 중요한 변수가 되므로, 유전자 검사가 절대적인 정보를 제공한다고 볼 수는 없다.

이런 의미에서 인간은 많은 경우 자신의 유전적 제약을 넘어설 수 있는 존재이며, 또 그렇기에 미리 정해진 운명에 따라 산다는 것은 가당치도 않다는 것이 〈가타카〉의 핵심 메시지이다. 영화 끝 무렵에 빈센트가 동생 안톤과 벌인 수영 시합에서 당당히 승리하는 장면을 볼 수 있다. 출생 시 유전자 검사에 따르면, 백발백중 심장질환에 걸릴 것으로 예측된 빈센트는 꾸준한 운동과 정신력으로 신체를 단련해, 결국 자기보다 훨씬 강인한 체력을 타고난 맞춤 아이 안톤을 이길 수 있었던 것이다. 그런가 하면 유전적으로 매우 우수해서 성공에 이르는 탄탄대로가 보장된 제롬 같은 인물이 사고로 장애를 입는다거나, 또 그 일로 인해 자살을 일삼고 약물과 알코올에 의지해 살게 되리라는 것은 그의 유전자에 미처 기록되어 있지 않은 정보였다. 더욱이 가타카의 감독관을 살해한 범인으로, 유전자 검사에서 폭력성향이 없다고 나온 우주비행 책임자 조셉이 확인된 것 역시 유전자 결정론에 회의를 갖게 하는 장치들이다. 말하자면 인간은 선천적으로 타고난 유전자에 의해 자신의 모든 운명이 다 결정되는 유전자의 노예가 아니라, 환경과의 상호작용 속에서 얼마든지 스스로의 운명을 개척하며 초월해 나가는 자유로운 존재라는 것이다.

이런 식으로 〈가타카〉는 인간의 고유한 특질이란 미지의 가능성을 향해 자기를 개방하는 데, 그리고 미래를 자유롭게 선택하고 책임적으로 실현해 나가는 데 있다고 말한다. 인간은 정해진 길을 의심 없이 걷기에 인간이 아니라, 의심하고 질문을 던지고 저항하고 일탈하기에 인간인 것이다. 종교와 윤리는 이를 인간의 자유의지라 표현한다. 자유의지야말로 신이 인간을 '복종기계'로 만들지 않았다는 사랑의 증표로서, 신으로부터 부여받은 고귀한 선물인 것이다.

유전자 차별

그런데 유전자가 그렇게 개인의 삶을 좌지우지하는 절대적인 요소가 아니라고 하면, 굳이 유전자 검사를 할 필요가 있을까? 빈센트의 경우, 자신의 심장질환 가능성을 미리 안 것이 생활방식에 큰 영향을 미쳤을 것으로 추측할 수 있다. 심장질환은 대개 체중조절, 운동, 식이요법

등으로 예방할 수 있는 질병이기 때문에, 빈센트의 부모는 빈센트가 심장질환에 걸리지 않도록 어려서부터 신경 써서 양육했을 것이다.

그럼에도 불구하고 영화는 빈센트의 유전 정보가 평생 그를 따라다니며 보험과 직업, 심지어 결혼에서마저 차별당하는 모습을 고스란히 보여주고 있다. 아이디ID 카드의 바코드를 스캔하는 것만으로도 개인의 유전 정보가 낱낱이 노출되는 사회라면 과연 사람이 살만한 환경인지 의심하지 않을 수 없다. 보험회사와 직장은 개인의 유전 정보를 알 권리가 있을까? 유전자의 등급에 따라 결혼할 수 있는 상대방의 범위 혹은 계층이 결정되는 것이라면, 그것은 전근대적인 신분제 사회와 무엇이 다를까?

영화에서 빈센트는 심장질환에 걸릴 확률이 높은 유전자를 가졌고 기대수명이 고작 30.2세에 불과하다는 이유로 보험회사로부터 가입이 거절당한다. 설령 건강보험이나 생명보험에 가입할 수 있다고 해도, 그는 다른 사람보다 훨씬 더 많은 보험료를 내야 할 것이다. 이러한 조치는 이윤추구가 목적인 보험회사 입장에서 아주 당연한 것으로 보인다. 예컨대 지금 우리 사회에서도 자동차 사고를 낸 적이 있는 사람은 무사고 운전자에 비해 더 많은 보험료를 내고 있지 않은가? 그렇다면 개인의 유전자 정보에 입각해서 보험료에 차등을 두는 것 역시 충분히 일리 있는 조치가 아닌가? 하지만 병에 '걸릴' 가능성이 있다는 것과 자동차 사고를 '낸' 적이 있다는 것은 근본적으로 다른 말이다. 즉 과거에 명백히 '일어난' 일도 아닌, 미래에 '일어날 지도 모르는' 일을 가지고, '확실한' 정보인 양 확대 해석하여 차별하는 것은 불합리할 뿐만 아니라 온당치도 않은 일이다.

세계인권선언 제2조는 "모든 사람은 인종, 피부색, 성별, 언어, 종교, 정치적 또는 그밖의 견해, 민족적 또는 사회적 출신, 재산, 출생, 기타의 지위 등에 따른 어떠한 종류의 구별도 없이, 이 선언에 제시된 모든 권리와 자유를 누릴 자격이 있다."고 분명히 밝힌다. 이를 토대로 볼 때 유전자에 근거한 사회적 차별은 있을 수도 없고, 있어서도 안 되는 일이다. 그러나 세계인권선언의 이상적인 경구와는 별개로 오늘 우리 사회에서는 온갖 종류의 차별이 만연한다. 인종차별, 피부색에 의한 차별, 성차별 등은 말할 것도 없고, 재산, 외모, 학벌 등에 따른 사회적 차별이 두드러지게 이루어지고 있어, 미래 사회에서도 역시 유전자에 의한 차별이 고질적인 사회문제로 대두될 것이라는 전망에 힘이 실릴 수밖에 없다.

미국 프린스턴대학교 분자생물학 교수인 리 실버Lee Silver는 『리메이킹 에덴: 복제생명, 재앙인가 축복인가』하영미 · 이동희 공역, 한승, 1998에서 생명공학기술의 발달이 불가피하게 인간의 종種 분화로 이어질 것이라고 경고한다. 자녀의 유전자를 향상시키고 싶은 부모의 욕구로 인해 필연적으로 배아단계의 유전자 조작이 일어나게 될 것인데, 이러한 변화가 오랜 세월 누적되면 보통 인간과 생물학적으로 완전히 차별화된 새로운 개량인종이 탄생하게 될 것임은 불을 보듯 뻔한 일이다. 즉 미래의 인류는 '자연인'Naturals이라고 불리는 하류계층과 '보강된 유전자를 지닌 계층'Gene-enriched 내지 '부유유전자 계층'GenRich이라 불리는 상류계층으로 극단적인 양극화 현상을 빚게 될 것이라는 이야기다.

이렇게 해서 올더스 헉슬리Aldous Huxley가 1932년에 『멋진 신세계』에서 예측한, 전혀 멋지지 않은 디스토피아가 드디어 우리 눈앞에 다가온 것일까? AFAfter Ford 632년의 세계는 전 지구적인 단일 정부가 알파에서 엡실론까지 유전자의 질에 따라 계층화된 인간을 공장에서 찍어내는 획일화된 세계이다. 각 계급의 인간들에게는 영혼이 없으며, 따라서 종교나 윤리 따위가 있을 리 없고, 매일 아침 배급되는 '소마soma, 일종의 항우울제'에 의지하여 자신에게 할당된 역할에 만족하며 살아가는 것만이 전부이다.

실버에 따르면, 인간이 생명을 '제조하는' 능력을 장악하게 될 것이라고 예언한 점에서는 헉슬리가 옳았지만, 이 능력을 누가 무엇을 위해 사용할 것인가 하는 점에서는 그의 예언이 빗나갔다고 한다. 헉슬리는 생명복제술을 전체주의적인 국가가 통제한다고 보았지만, 사실은 '완벽한 자녀'perfect child를 원하는 개인의 욕망이 그 기술을 필요로 한다는 것이다.

그렇다면 다시 질문해 보자. 여러분은 완벽하지 않은 아이 빈센트를 낳고도, 둘째 역시 동일한 모험을 할 용기가 있는가? 맞춤 아기 제조 기술이 안정화되어 있고, 그 기술을 구매할 만큼의 경제적 여유가 충분하며, 대부분의 사람들이 이미 그 기술을 아무렇지 않게 활용하고 있는 실정이라면, 우리 역시 자녀를 무계획적으로 낳기 전에 유전자 검사와 유전자 치료 혹은 성형을 통해 좀 더 우월한 유전자를 지닌 완벽한 아이를 낳고 싶지 않을까? 그런데 도대체 우월하다, 열등하다는 기준은 누가 만든 것일까? 그 기준이란 것이 보편타당하거나 절대적일 수 없고 사회문화적인 요인에 의해 변화해가는 것이라면, 지금 우리가 가지고 있는 우월/열등의 잣대부터 올바른 것인지 성찰해 보는 일이 급선무가 아닐까? 더 나아가 무엇보다도 경제적 부유층에게만 혜택이 돌아갈 이러한 기술에 열광하거나 맹목적으로 이끌려가는 태도야말로 정의롭지 못한 비인간화로 가는 길이다.